薔薇色のアパリシオン

京谷裕彰 編
KYOTANI Hiroaki

薔薇色のアパリシオン

FUJIWARA Seiichi

冨士原清一詩文集成

editorialrepublica 共和国

目次

I

詩文集

II

翻訳集

附録

凡例

一、本書には、現在閲読することができる冨士原清一の文業のほぼすべてを収録する。ただし、唯一の単著『ニューヘブリディーズ諸島』（日本評論社、一九四四年）および訳書『ベートーヴェン』（ダンディ）、『叙述的物語的ギリシヤ史』（上巻、セニョボス。いずれも新太陽社、一九四三年）の三点については内容および紙数を考慮して割愛し、『ベートーヴェン』巻末の「訳者の言葉」のみ「附録」として収録した。

一、配列は、著者による創作と翻訳とに大別し、いずれも発表年順とした。ただし、例外的に前後するものもある。

一、底本には初出稿を採用した。出典については、巻末の「底本および解題」を参照されたい。

一、原則として漢字は新字体、仮名遣いは旧仮名遣いとした。くの字点「〱」や一の字点「ゝ」などの繰り返し記号、促音や拗音の区別、また現在では一般的でない用字・表記法も含め、底本の体裁は極力残すよう努めた。ただし、変体仮名は現代表記に改めた。

一、底本の二重丸括弧⦅ ⦆および二重山括弧《 》は、適宜二重カギ括弧『 』ないしカギ括弧「 」に改めるなど、括弧類の用法を統一した。

一、明白な誤植・誤記は修正した。ただし、誤植・誤記との判断を保留したものについては（ママ）とした。

一、本文中の〔 〕はすべて編者による註をあらわす。

一、著者の独自性が強い用字や表記、難読語・国名漢字表記には、最小限の範囲でルビを付した。その場合、〔 〕で補った。

一、翻訳作品中、西洋人名の名と姓の間をスペースで表記しているものは、現在の通例に従ってナカグロで統一した。

一、詩題および本文中の仏語で底本にアクサン記号が付されていないものは、適宜これを補った。

一、現在では使用することがないであろう表現も散見されるが、歴史的社会的条件を考慮して改変することはしなかった。

I

詩文集

画家の夢

夏の午後である。

細かく茂つた緑葉の影が、くつきりと黒く鮮かに障子に写る影絵の様に大地に描かれて居る。衣ずれの様な囁きを時々の微風が木の葉からもたらしてきて、夏の日は大きい柿の実の様に空にぶらさがつて居る。まわりは青色のペンキで塗られた様に青い。睡魔が一様にこの世界に手を拡げて居る。そしてバンドをはづした時の様な緊張からのゆるみの気分が半分死にかゝつた魚が自暴的に自分の体を水の流れに委かせて居る様にこの雰囲気に埋れて居る。

一つの頽廃的な美しいシーンである。彼は今、縁側から少し奥に入りこんだ畳の上に半ば夢心地をむさぼつて居る。

赤黒黄青白等の色の幻覚が矢の様に彼の瞳の上を走馬燈の様にめぐり出した。同時に、彼にはこれ等の夏の輝いた風物が蜃気楼の様に見え始めた。彼の目の周囲にならんでゐる細かい睫毛が暗い牢獄の窓にはまつてゐる太い鉄棒がぼけた様に、彼には思へた。

彼の瞳の上は次第に睡魔の手で圧しつけられ、そしてそれが段々重くなつてゆくのを、彼はぼんやりと意識して居た。そして全く眠りが彼を包んでしまつた頃、自然の揺籃は相変らず静かであつた。

×　×　×　×　×　×　×　×　×　×

彼は、何か知ら黄い星の様なものが遠くから鉄砲玉の様にとんで来ては、急に彼の前で大きい円形のものとなつたかと思ふと、彼の体にぶつかつては風船玉の様に暗い彼の周囲に消えてゆくのを知つた。

暫らくすると、彼が仰向けになつて見つめてゐる黒い天井の様な処に無数の穴があいて其処に赤黒黄白緑青等の凡ゆる種類の色が燦然と輝き出した。すると又部屋のたがひに反対の位置にある二つの隅から、各違つた色をした煙の様なものが煙草の煙の様に大きくうねつた輪を画いて漂うて来ては、その二つが接触すると音もなく何度も何度も不気味に消えていつた。

彼は、自分が夢を見てゐることを夢の様に薄く意識してゐた。彼は常にかう云ふ画家らしい色の幻想を絶えず築いて居たらしく別にこの不思議な現象に対して別に不思議の感じを持たなかつた。或は彼が特に夢の中に置かれて居ると云ふのでかも知れぬが……

要するに、彼にとつては、これ等の総ての言葉なき現象が自分に対して一種の何か言葉に似た衝動を沈黙の中に与へようとして居るらしく思へた。彼は起き上らうとした。突如、大きい重く冷たい石の様な力が彼の右の肩先を引いた。彼は余りに意外の驚愕に、声を発しようとあせつたが、彼の口の中へ恰も海綿をつきこまれた様に、そしてその海綿が彼の持つて居る総ての声を吸ひ尽してしまつた様にかすれ声だに発することが出来なかつた。彼は次第に冷静になるのを勉めた。

彼がはつきりと彼の右の片腕を眺め得た時、彼は自分の手がすつかり石膏に変つてしまつて居るのを知ることが出来た。

不思議な雰囲気は彼に対して不思議な決断を与へずにはおかなかつた。彼は自分のその腕をすつかり切りとつてしまはうと決心することが出来た。彼の前には何時の間にか三日月形に曲つた青龍刀にも似た刃が青白い気味の悪い光沢を放つて居た。彼は何の不安もなしにそれをとりあげた。

ヒヤリとした冷たい金属性の感覚が一度に無数の針で体中を刺された様に、彼の体中を流れたと思ふと、彼の前には何処一つ非難の打ちどころの無い美しい石膏造りの腕が横はつて居た。彼の様な画家でさへ今までにこれほどの立派な彫刻を見たことが無くまた想像だに及ばなかつた。彼は思はずその腕を左手でとりあげそしてそれをぢつと打ちこむ様に眺めた。

もう周囲の奇怪な影法師の如く不気味な幻影はすつかりその姿を潜めてしまつて居た。そしてその美しい冷たい片腕のみが白くぼんやりと夢幻的に浮び出て居た。見る〳〵内に彼の手にある白い石膏の腕に紅い血潮が朝日が空を染める様にさしこんでいつた。

彼にはもう不安もなかつた。彼の片腕の如何さへ念頭に無かつた。只彼はこの腕を何度も何度も讃歎したが尽せなかつた。彼はもうすつかりこの美の極致に眩惑されきつて居た。同時に彼は彼の心におきてくる創作欲をおさへることが出来なかつた。

彼はこの美しい腕をモデルにして描いて見たいと云ふ切望の念にかられた。併し彼には肝心の右腕をなくして居た。彼はもう既に美しいものを造り上げる技術をもつたものを失つて居た。彼は今更ながらドンと胸を強くつかれた様な気になつた。そして半ば後悔に似た煩悶が幾回となく彼の自問自答を強ひた。

――俺は右の腕を失つてしまつた。そして俺にはただ殆んど可能力の無い左腕があるばかりだ。

――併しロダンは芸術には犠牲が必要だと提唱してゐる。俺の右腕！それは果して犠牲であり得るだらうか?! 若しそれにしても余りに尊い無暴な犠牲ではなからうか?!

――ロダンはその犠牲によつて更によくその芸術が芸術なるものゝ価値を造り上げると云つて居る。併し俺はもう俺自身が作品を生むことが出来ないまでに大きい犠牲を供した。

――俺は俺のかうした行為を半ば悔い半ば誇つて居る。俺は誇つて居る！ 何と云ふ浅間しさだ！ それは俺の虚勢ではないか?!

――そうだ、虚勢に違ひない。併しこの虚勢は極めて自然な、そして矛盾を許さるべきものだ。即ちこれが人間の世の大きい矛盾であつて矛盾と見なし得ないものだ。即ち虚勢であつて虚勢ではないのだ。

――俺は尊い犠牲を払つた。而《〔そ〕》して俺は今その美しい美の極致に接する空間を持つて居る。その美の極致の空間を！

――併し俺は作品を生む力を失つてしまつた。勿論これは悲しむべき事実である。併しその作品を生むことよりもその美に眩惑され切つた瞬間こそ俺達は真実の意味の画家であり詩人であり芸術家であるのだ。作品を生むこと、成程其処には人間に最も必要な自己満足と云ふ意義を存してゐるかも知れぬ。併しある厳正な地位から見るときは、それは単なる虚栄に止まると云ふことは無いだらうか?!

――或る意味から云へば芸術家が作品を生むことは一種の堕落的傾向ではなからうか。

――否や、そうではない。虚栄！　それは自己に取つて最も重要な条件だ。畢竟芸術と云へども自己以外に何処にその存在を認め得るか?!

――俺は確かに今あせつて居る。悶へてゐる。狂つて居る。醜い姿をさらけ出してゐるのだ。

――俺には今勇気と努力のみが必要なのだ。

――俺には矢張り犠牲が必要だつたのだ。俺はもう殆んど芸術の目的なるものを達しようとして居る。

また悟らうとしてゐる。俺はその美しい腕によつて無限に芸術の法悦を感じたのだ。俺は作品を生む力を失つた。それは悲しむべきである。併し俺は作品を感じる力は未だ失はない。作品の魂に触れること。これが真実の意味に於ての作品を生むことである。俺には、否、すべての芸術には犠牲が必要だつたのだ。

× × × × × ×

彼はこの不思議な夢から醒めた。彼の体はびつしやりと汗がにじみ出てゐた。

何時も眠りから覚めた時、大きな欠伸をする人間の一人である彼は、今日に限つてそれをしなかつた。そして彼顔色からは、その不思議な夢を今尚辿つて居る表情がありありと見られた。

二階より

空は瑠璃色
日光はそのひろき海より
溢れきたりて
かたへの山
二階の窓
額縁に似たるに眠る
秋の日の真昼
楽隊の音に
下の街ゆく
軽業師の群
クラリネットの音のうれし。

祭礼小景（二篇）

一

金のかゞりび
、、、　、、、
はんこののぞき
ゐならぶ店に
やつとみつけた腕時計
紙と硝子の腕時計
動かぬ針の悲しさに
ふと風船玉の泣きいだす。

二

小さい町も
けふは灯の祭
赤や黄いろに賑うて
通りは映えて

町の子のこゝろうれしい
まだ土もふまぬ
この町を慕うて
こ宵の人群れを
さまよへば
めぐり会ふ人は
皆知らぬ人々
よそびとのかなしさ。

帽子

風つよき日は
帽子真ぶかにかぶりて歩むなる

おゝ風よ
そはちかき春陽を待ち飽ぐむにや
あはれわれ
ひねもす帽子ふかくかぶりて
なごき平和の光を知らず。

断章

虚無の悪戯らが、
放つて綱を断つた、
人玉よりも宙ぶらりな、
地球は円い軽気球です。

衣すれ

女は一羽の小鳥を
そのきらびやかな
やさしい衣着《きぬぎ》の下に飼つてゐる
女が歩むとき
その暖い皮膚があまり匂ふので
いつもこの小鳥は鳴きかなしむのだが
それでも　それでも
女はまだ
そのなまめかしい
アクシオンをやめない
　女よ
女よ

めらんこりつく

蒼く　白く
顔色《がんしよく》の悪い夜だ
夥しく瓦斯は充満してゐるよ
蒼く　白く

群衆よ　起きいでて
燈火を消せよ
通りの街燈を
公園のアーク燈をよ

蒼く　白く
顔色の悪い夜だ
不気味な憂欝の漫延《（ママ）》だよ
蒼く　白く

群衆よ　起きいでて

燈火を消せ！
燈火を消せ！
街のすべての燈火を消せ！

燈火を消して
さあ群衆よ
おもむろにその貝殼《かひがら》から匍ひいでよう
われら群らがる蛾となつて
あのぢんぢんと燃焼せるガス！
蒼白な月にむらがらうではないか！

オリムピヤ・エロテイク

一

碧空から垂れ落ちてゐる一線だ。真白い坂路だ。地上の水平面を緩漫な抛物線で彫つて、その尖端を再び碧空の青藍色に投じてゐる一線だ。

××女子学園は、この坂の底にあつた。

坂路は丁度この学園の建築を胴として、その白い腕をながく両端に延ばし、のばしきつた処に、その掌をひらいてゐる――其処は繁華な街通りで、土瀝青がいつも騒音を呟いてゐるのだ。

樹木の多いせいか、四囲は全く閑静だ。

懶い午後、誰かが蹴つた石礫が、この傾斜面を滑走してゆくのが、よく心好く聞かれた。

望遠鏡はいらない。全面傾斜だ。

この丘の丘陵面を利用して、其処に住宅が貝殻のやうに餔つてゐる。そしてそれら数十点の窓は、風景を点描派《ポアンチエリ》の画にする。

額縁は斜めだ。

展望には階段がある。

二

春。樹木は緑《あお》い。

青空は円く膨張してゐる。

赤褐色の膚をもつた、建築物。赤いペンキ色《しよく》で塗られた学園の屋根。避雷針は、空気中に微満遊離してゐる電子を感ずべく、その尖端を渦き煙る青空の中心に突き刺してゐる。

学園の門前に長蛇の陣を布いてゐるのは、A伯爵の邸宅である。学園の女性達は、如何にこの宏大な庭園の林の中に、それぞれの空想を茂らしたことか。

学園の校舎の横手にはグラウンドがある。誰もゐないグラウンドは、軽く汗ばんで天一杯に欠伸してゐる。

麗らかな春の黄ろい光線を、派手な大柄の色彩の群れが、艶めかしい情感を刺繍するのだ。青、赤、黄、緑、藍、橙。それは空気を染色しさうだ。

乙女らが下手なタッチで叩く鍵盤からは、テムポの遅い、切れぎれな楽調が、けれど愉しい速度で風に乗つてきた。

或るものは緑の密生した芝生の上に踊つてゐる。薔薇の一輪を画き乍ら柔順なヴアルスだ。

あるものはその派手な袂を並べて燕のやうな談笑だ。とき時、艶書をひき裂くやうな絹糸製の響音は、彼女らの白い歯並と咽喉の昇天である。
十八世紀。騎士《カブリアー》と貴婦人の会合のやうに、化粧せる彼女らの話題も亦、
上品な猥談であるに違ひない。

　なんと華やかな葩《〔はな〕》の群れ。

肉体は香料の湯を沸かしてゐる。
毎朝一定の時刻には、この華やかな色彩群は、太陽の乱射を浴びるのだ。その輝かしい粉末の液体に、その馥郁たる臙脂を溶解するのだ。恰も潮流に逆行する魚群のごとく門前に殺到するのであらう。

三

懶《だ》るい午後。
綿の感触をもつ空気。
風に嬲られて紙が羞《〔はにか〕》むでゐる。
学園の門前から路幅を隔てゝ、一本の桜が爛《〔たけな〕》はである。
春はまさに、一個の太陽——果物の中心に於て爛熟してゐる。
四月。
新入生を加へた女学園の花壇はげに満開である。

四

かんかんかん……午後三時の鐘だ。

靴音、草履の音、囁き、晴れたソプラノ、忽ち学園の校舎は呟き始めた。

窓、窓窓窓、そこでは真赤な花が、しきりに点々と出没する。

女生徒たちの日課は果てた。表情学のお稽古は終つた。女生徒たちは、その門から溢出すべく、緑い芝生の上を、色彩の刷毛をなすりながら、孔雀のやうに歩いてくる。門前に展開する風景を押し流すべく、この色彩の波群は焦点を門燈に集めた。

風景はいまその歪変を畏怖してゐる。

新緑はいま褪色しようとしてゐる。

門前の桜は激しく戦慄した。

五

この時である。忽ち透明な碧空を、無数の靴が飛翔してきた。憂鬱な靴の音符が、天空を、群がる渡り鳥の一団を形成しながら、翼《はばた》いてきた。この夥しい真黒い音符は、澄みきつたエメラルドグリーンを踏みにじつた。

JZ A QK JZ A GK JZ A GG JZ A QK

油ぎつたハアモニイの構成。機械的なテムポ。靴音の雨。柿色の服、フォーマルなキャップ、汗滲《あせば》んだ帯革、幅広い肩先に突立つ銃剣。

坂の頂上に現はれたもの——明らかに軍隊の群だ。閃々《りんりん》たる銃剣の丘。羅列。

太陽はこの羅列を弄ばんと爛々と照る。しかし銃剣の丘は、彼の斜光をして徒らな逆行と徒労に終らしめる。この群団の動くところ、世界は電燈100燭の光度を減じる。

六

学園の門前からは、いまや彼女たちは流出せんとしてゐる。色彩群。

鈍重な機械の一団。

この二条の潮流は互ひに直角を峡《はさ》んで進行してくる。その交点に氾濫を予期して。

先づ隊の先頭に立つた四人の喇叭手は、坂の中間に於て、眼下に、この色彩の華やけき活々たる流れを見た。

「歩調をとれ！」

この閃光が同時に四人の頭を疾《はし》った。忽ち四人のこのアイディアは、彼方に連なる群団の脳髄を電光のごとく刺繍した。瞬間、この機械は進行に大なる加速度を感じた。

ZD　A　KQ　ZD　A　GD　ZD　A　ZD　ZD　A　KG

七

この素晴らしい角ばつた肉体の羅列――連続せる強健な筋肉の小山に、女生徒たちは驚愕した。呆然！　一本の棒杭が咽喉に刺さつた。乳房は固く凝固してしまつた。頭髪は氷結した。

宛《さなが》ら然彼女たちは並木樹立の整列を形成してしまつた。――なんと美しい彩色ある密林だ。

しかし軍隊の前進は連続する。油と汗と筋肉と鋼鉄のこの機械は進む。彩色のある女体、並木樹立。機械はこれを浸蝕してゆく。樹葉は凋落する。花弁は失神し、樹皮は剥落してゆく。

八

低地に黄昏は馳《か》け足だ。もう夕雲が真赤な馬車に乗つて天空を馳けてゐる。しかし軍隊の進行は未だ止まない。暗欝な連鎖だ。数万の兵隊だ。真黒い無数の靴は高い碧空に反映し、その影は雲を構成し、その足跡は風景を蹂躙する。

女生徒たちは門から一歩も踏みだせない。既に化石してしまつてゐるのだ。

青い顔。
貝殻の吐息。
痙攣する腕脚。
金縛りの像。
おおそれに反して見よ!!!
坂だ。
傾斜面だ。
速力だ。
機械だ。
行進だ。靴、 靴靴靴靴靴靴靴靴靴靴靴靴靴靴靴靴靴靴靴 動物的な
靴だ。

DZ A DK DZ A DZ DZ A DG DZ A DK

九

夜がきた。時間は単調ないくつもの靴を運び去つた。軈《やが》てこの憂鬱な機械の行進は終了した。

夕雲が飛ばしてゐた。気まぐれなクエスチョンマークは、樹木が吐きだした闇によつて包み消されてしまつた。

真暗闇だ。忽ち丘の上から、によきによきと月がのび上つた。

彼女たちは始めて蘇生した。しかし既に体軀は大きい衝動の波濤によつてうち上げられてゐた。

過ぎ去つた堅牢な筋肉の小山は、彼女たちをして希臘《ギリシャ》の彫像を想起せしめた。神々の壮健な肉体を実感せしめた。

こゝにオリムピアの思想が蘇つた。

薄つぺらな心臓は美事蹄鉄のやうな靴先きで蹂躙されてしまつてゐた。

新らしい科学の精神が基礎づけられた。活き活きとした筋肉の渇望。

筋肉に対して、崇拝と憧憬と戦慄の青白い情欲を体験した。

　軈て、彼女らは蛾のごとく呟きながら、闇の中に燃えてゐる、蒼白な門前の瓦斯燈の下に群がりはじめた。

十

この軍隊の行進は、彼女たちに新美学に対しての強い衝動の鉄鎚《ハンマー》をうち下した。それは彼女たちの角度を転換せしめた。いまや美は力より生まれなければならない。こゝに新らしい筋肉精神を意識した。そして紀元遠きオリムピアの昔を呼ぶのであつた。

十一

それから数日後の朝である。

女生徒たちは学園の門前に花束をつくつて、しきりと表情の噴水を上げてゐる。

斬新な朝の空気は青白い刃物である。

この時一人の青物屋の小僧が、自転車に乗つてこの坂の上にさしかゝつた。

自転車の後部の荷物台には、マスクメロン、檸檬、バナナ、林檎、野菜の類を満載して。

彼はこの急な坂の危険を熟知してゐた。で注意深くブレーキを握りながら徐々に坂を下り始めた。

不図、この小僧は坂底に蠢動〔うごめ〕いてゐる、万国旗の陳列を見た。突如、ある感情が彼の腸を愉快な微苦笑でしめつけた。

忽ちブレーキを放した。五十三枚のギアーをぐつと体重をこめて踏んだ。八吋《インチ》の車輪のスポークが雨を降らした。ハンドルの上では警鈴がけたゝましく発散した。

彼は急速な速力で、群がる色彩の中に突進した。花束は二つに割れた。荷物台に積まれてゐた斬新なフルーツは、真新しいナイフでもつて、この花束を横断した。瞬間、彼女たちは大なる歓声を発砲して、再び坂上に消えゆく一点に焦点を集めた。

十二

季節は水車のやうに廻つてゆく。

いままで欠伸してゐたグラウンドには二本のバスケットボールのネット棒が生えた。そこから少し離れてテニスコートの白線が鮮やかに燃え上がつてゐる。

学園の門前近くに一軒のミルクホール、一軒の運動具店、一軒のレストランが築成した。

十三

最早や彼女たちの間には、長い振袖は見られなくなつた。そこには鳥の翼のやうな、軽快なスカートが生えた。

ピアノの音は死んだ。ゴム鞠の音がテニスコートの上で跳ね踊った。つゝましやかであつた小さい唇は、ガブガブと珈琲や紅茶を貪つた。白く繊細であつた指先きは、運動具店内で、ピチピチとラケットのガットを弾いた。

十四

今やスポーツは彼女らの生命であつた。軽快なパラソルよりも、弾力のあるラケットを。夕暮時の静かなラムブルよりも、急調なランニングを。S字型に湾曲した抒情詩的な姿よりも、端整な木の幹の姿を。ながいお下げ、愛らしいカチユーシヤ髷よりも、断髪を。涙よりも喧騒を。曲線よりも、直線を。静けさよりも、動乱を。

彼女たちは今までの生活と習慣を、一時に鏡の中に叩きこんでしまつた。

十五

これらスポーツの精神と動作は、彼女らの筋肉をしまらし、総ての凡ゆる部分を肥大せしめた。

円錐二本の脚。

長方体の胴。

円球そのもの、首。

こゝに彼女らの肉体は、期せずしてキユビズムの主張を形成した。

彼女らの声帯は膨脹し、笑声はポンプの雑音を感覚せしめた。かくて
彼女らはこの健全な肉体の任務を終らんがため、季節の車に乗つて、夏のパッションに向つて爆進した。

十六

この微動せる温度。太陽と季節との悩ましい受胎の日。彼女らの心臓には夥しい男性のポスターが貼られ、一列に整列した。

乙女たちは太陽を受け止めようとあせり、その肉体を激しく藻掻き廻転する。

太陽は溶けて燦爛と油がふり、乙女たちの欲情は、すいすいとのびる麦の穂である。発情せるその裸体の体温と、その激甚な羞恥は、あの新鮮なポプラを炎上させようとする。

おおこの威大なる情欲の廻転。彼女たちは妄想のフイルムを見る。

心臓は既に寒暖計を折つてしまつた。

ああ真赤な旗を振つてこの情欲の廻転を止めよ。

十七

火星は次第に近づいてきた。　オリオン星座は明るさを増した。
夏だ。
凡ゆるものは燃上と昇天を企図してゐる。
青い空――イタリアに続く空。
碧空には星が華々しい花火を上げてゐる。
見よ！
今彼女たちの処女宮の祭典は挙げられるのだ。
今処女性は昇天するのだ。
艶めかしい競技は行はれるのだ。
おお　オリムピア！

EROTIQUE!!!

浪々と風は機械を乗せてきた。　工場町からは煤煙が流れてきた。
歯車はぴたりと天空に静止した。
こゝに筋肉の文化と機械の文化は十字架を結んだ。　健康と機械はいま
握手し、世紀は静かに微笑をこぼした。

CAPRICCIO

Night, such a night, such an affair happens.

パレットにねりだされた多彩な絵具族のかなしみと、明暗の花咲く女性《かのひと》の寝室に燈ってゐた小さいLampのさびしさを、外套の釦である紫色のビイドロに覚えながら、私は細い頬を高くたてた襟につゝんで、この緑《(マヽ)》り色の星まばらな夜を歩き続けてゐました。

——歓楽は美装せる一人の士官である。彼の真紅のサアベルは、つねにそれの数万倍である憂鬱の雑兵を指揮してゐる。

私はこんなことを考へながら、この街でいち番高い処にある壮麗な大理石《マーブル》の架橋《はし》にさしかゝりました。いつも愛してゐるこの陸橋からの眺めとは云へ、まあ！　なんて滅法に奇麗な今夜なのでせう。街は黄ろい燈火の海をひろげ、そのあひだに赤・青・緑などのイルミネエションがちらほらし、まるでカアペットの上に宝石を薔薇撒いたような夜景です。さうして青いレールの群れがこのなかにサアベルのやうに煌いてゐて、いまにもあの透明体のキラ〳〵したシンデレラの馬車がこの街からあらはれてきて、古典的なミニユエットを踊ってゐる星たちのあひだを縫つてゆきさうです。その美しさつたら思はずも唇からモオメントミユウジカルのひとふしがとびでたほどでした。

　このときです、ふと私は古ぼけたイタリア製の帽子の縁から、青いヒカリが私の全身を捕へたのを気付いたので思はず立ち止まつて見上げると、頭上にアアク燈が天空に向つて蒼い信号喇叭を吹いてゐました。……で、このボーボーといふ音をぢつと聞いてゐると、いつのまにかあのスクリインを想ひだし、今までこんなにも青い夜を見たことがないやうに思はれてきました。それでこゝろ秘かにこんな青いものに耐へられない自分の神経に怯へてゐると、頭のなかになにか漠然とした青写真かフイルムのごときものが次第に大きく不明瞭に現はれてきてなぜか私はコロロホルムにでも作用されたやうにぐつたりと冷たい架橋《はし》によりかゝつてしまひました。……

　折柄ふいに終電車の轟きを聞き、青いスパアクがパツと飛散つたので、思はずもはつと架橋《はし》の下をのぞいてみると、あゝ！　なんといふことでせう！　レールの群れが太刀魚のやうにこの架橋《はし》の下を流れはじめたのです。ついでシグナルの燈が流れだし、エメラルドグリイン・アムバア・スカアレツトなどの光りがピカ〳〵と飛び散りはじめたかと思ふと、虹のやうな奇麗なテープや模様がメリイゴウラウンドの酔ひごゝち夢みごゝちに走つてゆきます。がついにはこん度は街までが崩壊して恐しい速さで無数の直線や矢になつて流れはじめました。さうしてこのテムポは一瞬毎に急調となり、仕掛花火や色電気の仕業も及ばない位です。

私の知人や友人など、記憶にある総ての人間の顔が黄ろい粒の羅列となり、ついには一条の細い火花となつて消し飛んでゆきます。太陽も、月も、星も、停車場も、アンテナも、汽船も、活動写真館も、街角の花売少女も、バットの空箱も、ありと凡ゆる私の一切が、ありと凡ゆる世界の一切が、この強烈な未来派の色彩と音響を形成しながら流れてゆくのです。まさに名優が感激の極みに舞台で卒倒せんとするとき、その一瞬に見る数千の観客のIMAGEよりも、遙かに複雑な名状しがたいこの彩色光波の洪水が流れてゆくのを、驚きに意識を失つた私は、その閉ざした眼の紫いろの泳いでゐる網膜の上にいつまでもいつまでも見続けたのです。……

頭からすつぽりとシルクハットをかぶせられたやうなほの暗がりの意識のなかに、どこかでほつかりと白百合がひらくやうな気配をかんじて、ひよつと私が気がついたとき、私は高い、タカイ、TAKAIコンクリイトの城壁みたいなもの丶上で、体をL字型にしながらBONYARIしてゐたのでした。

マダム・ブランシュ

1

いまに月があの尖塔の突先きに、青いアルミニウムの旗をあげさうなので、街中のいつさいの色彩は忽ちいち条の白色瓦斯体となり、慌てて街燈のなかにかくれてしまひました。

ために花屋の花たちと化粧室の婦人らは衣裳をつけてゐません。さうして街は青いチエスに耽りはじめました。青蠟色に塗られた高層建築の群れからは、いち様にあはただしく窓が落ち始め、1点2点3点・・・街にはキラキラと燈火が灯もされました。

まあ青い眼玉をぴかぴかさせてなんといふ失敗した青年紳士のやうな橋の上のLampたちでせう。

窓玻璃《〔ガラス〕》に燈火は仄あかく、シルクハットのシルエットある、華麗な、でもなんとなく西班牙《〔スペイン〕》の城壁の匂ひがある伯爵夫人《コムテス》の邸宅には、美々しいニツケル製りの自働《(ママ)》車の群れは滑りより、集会しては白い蛾となり、そのタイヤアはあきらかに真白い花を咲かせてゐます。

こんな夜は花合戦が催されるさうです。

——まあ、素晴しい私の夜！

——いゝえ、そんなことを云つてはいけません。あなたは失礼です。決してけつして、……ええ、むろんあたしたちの夜でございますわ。

私は伯爵夫人《コムテス》の唇がこんな言葉の形に結ばれてゐることを想像するのに至極容易です。

突然、ちつぽけな花火が……と、見るまに消えてしまつたその火は、とうとうあの素晴しい大理石の階段で誰かがうつかりマッチをすつたのです。さうしてその青い燐光のなかに化粧した女性の裸像を見たので、顔あからめていそぎゆくのです。

噴水《ふきあぎ》の水盤ではPan・Pan・夕靄の音。ポーポーとかなしい笛を吹いてさまよひくるのはかの汽船らです。これは黄昏れにいたるまへの街。白いひかりの群れは高い時計台を指して蝟集し、ケビンのやうな白色船体であるこのなかに、ひとり最も明瞭に鳴らないいつぽんの笛である私です。

——ともあれ、私はまたいつものやうに、白い花嫁とともにテラスにあらはれるがいいのだ。

だがこのアイディアは私をかなしくします。でもかなしみだけにどうしてもかなしまなければならないのです。

所詮ひらかなければならない扉である扉を、かなしい白色金属の音とともに、動かうともしない手でひらくと、白い花嫁は榻床《ベッド》の上にやさしく閉ざされた扉のやうに、静かに石膏の眠り眠〔ママ〕つてゐます。

いつもかくあるこの女性《ひと》を、労はりいつくしみながらふたりして部屋からでると、またしても私に悲哀のマントは、かの僧正のガウンよりも遙かに重たいのでした。

私は静かにこの衣裳のやうな花嫁を抱きながら、華やかな霊魂の祭典に儚《はか》ない夢想を繫ぎつつ、つねのごとく聽て二人は青塗りのテラスにあらはれ、この薄明のカメラのまへに立てば、ああ！　マグネツシヤとともに花嫁は消えてしまひました。

昼ま私の部屋のやさしい塑像であり、夕べとなればこのひとときの合図に消えてゆく花嫁、――このいつ瞬のやるせない合図を、私はいくたび嘆いたことでせう。

呆然と、燃え尽した銀の燭台の哀愁に、かなたメタフイジツクスの消えていつた活動写真館の空にみいれば、はやいつのまにかサフアイヤの空から街いち面に charming twilight のフイルムは映《うつ》写されてしまつてゐるのでした。街にはいくつもいくつもの青い塔がだんだんふえてゆき、まだ私は鳴らないいつぽんの笛なんです。

2

すくすくと豊麗な月がシヤボン玉のやうにあがり、はたはたと青いアルミニウムの旗をひるがへせば、実に素晴しくも華やかなガソリンの夜です。——それは青い、青い、青い。はや踊り場のクラリネットは風邪をひいてしまひました。

まあ——、なんて妙に明るい月夜だ。

瞳いつぱいにかのアートタイトルをみながら私も呟けば、

——もう沢山だ。こんな夜は。

と、発電所の狡猾な技師めはスヰッチをきつてしまつて送電を中止するし、

——こんな夜に瓦斯はもつたいないつたらありやしない。

と、貧乏な瓦斯会社は街燈を消してしまひました。

私は窓から街にひろがつてゐる青い地図を眺めながら、先刻《さつき》投げた街上に死んでしまつてゐる53枚のトランプに、探偵小説をひらはんものと、やがて街上にでるのでした。

白いテブクロを指に嵌めると百合の花が咲き、ステツキの尖端で月を指せば月はくるくる廻転する的物《あてもの》板です。

——こんな夜はどんなボロボロの自働車だつてすつかりニツケル鍍金だ。それに何処までドライヴしたつてヘツドライトもいらなければガソリンもいらない
——だから……

だからどうだと云ふのか。私は下手なロミオ役者みたいに、街いち面

にひろがつてゐる青い地図を盗み見るのです。さうして私の陰謀はすつかり熱してしまふのでした。

——あのフイルムのなかの白い女性を誘ひだすに絶好の夜である。

想ひだすかのフイルム地帯の白色テーブルに、淡いノスタルジヤで挨拶を投げ、ひらひら飛んできた蝶々をこれは珍らしいとネクタイピンにかへ、きらきら魚が泳いでゐるアカシヤの並樹を、私はいつぽんの植物のやうに歩いてゆきます。

——ねえ、マツチをするときには用心なさいね。こん夜は走つてゐる汽車つたらまるで変な洋燈《ランプ》だから。

顔色の悪るい女の声がすると、傍らに黒い衣裳を纏ふた女が立つてゐます。いち枚の銀貨が私のポケツトからいつ匹の白い魚となつて飛びでると、女はもう消えてしまひました。さうして更らにさらにいつぽんの植物に近く、街燈がインターメゾーをきいてゐる活動写真館の通りへと歩みつづけます。

1点……ひよこりと現はれたもの、見れば砲弾形のシネマの出口に、天鵞絨光線の秋波に送られつつ黒いタキシイドとシルクハツトの一見硝子性紳士です。

紳士と私は慇懃な距離をはさみながらだんだん近づいてゆき、さうしてとうとう出会つてしまひました。すると擦れ違ひさまにその紳士は私にシガアの火を要求しましたので、私はシガアをさしだし、うつむきさまに何気なくひよつとその紳士の襟をのぞくと、そこに刺されてあつた笞の薔薇はあとかたもなく、そのかはりにそこには白墨のX印がついてゐるのです。

——ざまあみたまい。

ふとこんな言葉が飛びでるのをおさへて、私も微笑を咲かせ、ふたりはたがひに微笑を氾濫させながら、ふと思ひだしたやうにたがひに顔を見あはせて

——Good evening！

——Good evening, sir！

と、この水族館のやうな良夜を祝福するのでありました。

やがてこの紳士の影がアカシヤの葉影に消えたとき、私にひとつのPoetry はこの夜のなかに、ピストルか、白粉か、花のやうに咲いてしまひました。

——あなたの顔の上につくられた麗はしいマーブルの都のために、私はいま1台の飛行機を用意しなければならない。

3

白い霧がふつてきました。洋燈《ランプ》はさんさんと咽び、ガラスは昏々と眠り続けてゐます。高層建築は薄すれ、寺院の円頂《ドーム》は夢のやうに沈み始め

ました。いま街は海底に明るい潜航艇の漏光を想像させ、私はこの白色の瀰漫してゐる湿潤ある液状空間に、仄かな円形を憧憬れるのです。

鳴らないいつぽんの笛である私
青ざめたいつぽんの植物である私

私は歩み続けます。前にひろがつてゐるのはプラナタの美しい整列です。だがいつたいどうしたと云ふのでせうか。この街にこんなところがあるとは今まで思ひもかけぬことです。でも私の脳髄のなかを、恰もいつ隊の兵士のやうに、あはただしくこれらプラタナの整列がすぎてゆくのはこの並樹だけが、よしそれが夢のかけらのやうなものにしろ、自分の記憶のどこかに潜在してゐたのでせうか。

霧は漸次に深くなつてきます。歩み続けてゐるうちに、どこからかこの液体面のやうな空気を透して、テムポの緩るいヴアルスが流れてきました。ユニゾンで奏されてゐるらしいヴヰオロン族のボルタメントがひときは甘く漂ふてきて、ときどきサキソホーンが快朗な風のやうに私の耳をかすめました。私は樹葉に青く頰を染めつつ、アスフアルトの上にせんもないアルフアベをひらひながら、折柄の風にひとしほ高くなつた音波のなかを次第に楽器に近づいてゆくのでした。

突然私は歩みを止めてしまひました。なぜなら不幸にも私はかの楽器から全く反対の方向にきてしまつたのか、いまは全くなにひとつ聞えてこないからです。これは霧によつてなされた錯覚でせうか。不審によつてさびしく凝固してしまつた眉に、いまさらに冷たい霧は冷やゝかに感じられるのでした。

ふと睫毛の上にちらちらとかすかに黄ろい燈火がふつてきたので、思はずもその方を見上げてみると、思ひもかけないこのラビリンスのやうな一角に、白い夜空をほんのりと切つて、壮麗なイオニヤ風の邸宅が聳えてゐるのです。さうしてむろんこの燈火はそのステインドグラスの窓に漏洩してゐるのでした。凝つと、あまりにもこの燈火のなつかしさにこの窓を眺めてゐると、

――おやつ！　ハンカチーフが！

私は思はずも叫びだすところでした。それは白い小鳥のやうなものが、そのいち番大きい矩形の窓から放たれたからです。見てゐるまにそれはひらひらと空間にカルタのやうに飜へりながら靴先きに落ちてきました。アスファルトの上に花びらのやうにほんのりと咲いてゐるそれをいそいでひろひあげてみると、それは蝶形をしたいち枚の真白いカアドに過ぎないのでした。が、何気なくそれを裏返してみたときその細い蝶の丁度体の部分に

Madame Blanche

美麗な活字が行儀よくこんな風に並んでゐました。
――白い夫人《マダムブランシュ》

いつたいこれは何を意味してゐるのであらう。それに見いつてゐる私には、その白い紙のなかから色々なファンタジアが浮きでてくるのでした。おしまひにはこのちつぽけなカアドがあたりいつぱいにひろがつて、なにもかもみんなおほふてしまひさうです。いやいやそんなことを考へるより、なんと今夜にぴつたりとよく似合つたことでせう。私はとうとうあの白いメルヘンの街にきてしまつたのでせうか。私の全身はあの笛のやうにやさしく鳴りさうで不安です。

全身にやさしいトレモロを感じながら、依然人影も見えない窓を眺めてゐると、いままで金色《きんいろ》に輝いてゐた燈火がだんだんピンクに変つてきました。みればいま霧のいち群はかれらのなかに白いメルヘンの街を抱いて、この実在の港から離れゆかうとしてゐるのでした。

霧が静かに白い囲繞を解いてゆくと、宏壮な邸宅は次第に姿を現はしてきました。あの屋根いち面に匍つてゐた蔦かずら、あの白い椅子の並んでゐるテラス、さうして遂に、ああなんと云ふことでせう。私は当然見なければならないものをはや見てしまひました。忽ち私はかの西班牙の城壁の匂ひを感じ、今夜花合戦の催されたかの伯爵夫人《コムテス》の邸宅をまのあたり見るのでした。

この捕ふべくもない気体に作用された空間の遊戯に、呆然と自失してゐる私のまへに、さあつと、華やかな光線は照らされました。やがて夜会果てて扉ひらかれたこの邸宅から、ざはざはと談笑に縺れながら黒いシルクハット白いカラーの紳士たちが現はれてきました。さうしてさびしいガソリンの匂ひが、パッとこの深夜に漂ふと、やがつてゐた自働車の花はくずれてしまつたのです。

私は白いカアドを手にしながら、いま始めてこれが今夜の伯爵夫人《コムテス》の趣興であつたことを知りました。

またちつぽけな貝殻釦のやうに、この甘かなしいガソリンの匂ひのなかに置き忘れられてしまつた私のまへに、この壮麗なイオニヤ建築の窓々から、燈火が1つ2つ3つ・5・6・7・……消えてしまつた。

Salutation

1

玻璃性白色光線の浴室に、輝かしい洋銀の皿あるテーブルに倚り、銀色のナイフとフオークをとりつゝ、はや少女は噴水のなかにある凡てのものを想像し尽してしまつた。
いま少女は、彼女のつゝましやかな5つの白百合の花びらをつゝむ白い手袋を欲しがり、ために彼女はピアノの蓋を開けなければならなかつた——。

ピアノの蓋は開けられた、だが見たまい。
そこにずらつと並んでゐる夥しいChopin の墓。
その純粋な少女は無論12階律を無視しなければならなかつた。

2

君らは1と云ふ。僕らは3と云ふ。そして君らをふり向いて頬笑む。
僕らをピタゴラス音階に依つて律せんとするのは間違ひである。

僕らを12階律に依つて律せんとするのは間違ひだ。

君らはそれによつてとんでもない不協和絃を叩きだしてしまふだらう。

僕らはつとに実にリズミカルである。故にまた愕《おどろ》くばかり tempo rubato である。

3

君らはまた僕らに1匹の蛇を与へる。
僕らはそれを手にとつて、やがて実に無雑作に吹きはじめる。
すると鳴つた。……ａａ
蛇は僕らにとつて全く霊妙な優美な笛に外ならなかつたのだ。

4

素晴らしい羅馬《ローマ》のカアニヴアルである。

その美しい衣裳と衣裳のあひだを、マグネツシヤに満ち充ちた鳴りさうな祭礼の空気のなかを、さんさんと花咲いてゐる噴水の薄ら青い煙のなかを、いま3頭の黄金馬にひかせて、花たちの満載された宮殿にも劣らない豪奢な花車《だし》がゆく……。大きく揺れながら。花を撒きながら。

そこに撒かれた花たちの群れ。

Art for rose
Rose for art
Art for magic
Magic for art
Art for theory
Theory for art

稀薄な窓

それは arpéggio する水たちのわらひ

これはたんぐすてんあかるい水族館の内部である
このさびしいひかりにゆれる水のなかに　軍艦のやうな夢おほいほて
るを営み　そのほてるのなかに　もつとも空気の明瞭にみられるための
ひとつの窓をあけ　このさびしい水にゆれ　このさびしい水に吹かれ
この青い水のなかに青く花ひらいてゐるわたくしたちふたりである。
ふたりはいつも浴室のなかから泳ぎゆくがらすたちをながめ　きらび
やかな衣裳をつけては時間と鏡のまへに礼儀ただしい敬礼を愛した
ふたりはよく知つてゐる　ぴすとるが白粉のやうにくずれてしまつた
のを　それは海のなかにあたかも魚族のまぐねつしやかとも

またそのなかにふたりは夢みた
ひとつの白い噴水からその無限に遠いひとつの白い噴水へ
ひとつの白い花からその無限に遠いひとつの白い花へ
ひとつの白い魚からその無限に遠いひとつの白い魚へ
ああそのためにふたりはなほも夢みた
そのためのそのあひだにある無数の白い噴水たち

そのためのそのあひだにある無数の白い花たち
そのためのそのあひだにある無数の白い魚たち

だがいまはあまりにひさしく住んでゐたふたりだから　もはや青いぼすふおらすの海に死にゆくかんがへにもあいてしまひ　いまはその女性《ひと》の胸にかかつた美麗な三日月をさびしがり
ふたりはふいるむのやうな水のなかをすぎてきた白い微風にがらすのやうな衣裳をまかせ
ふたりはふいるむのやうな水のなかをすぎてきた白い小鳥にがらすのやうな愛撫をあたへ
遠い噴水の衣裳をつけたその女性《ひと》と　ふりゆうとのさきに青い魚を灯もしたわたくしはやがて　ながいはてしもないやるせない性の祭りを舞ひはじめるのである。
ふたりは腕に魚をとらへ
ふたりは足に魚をとらへ
ふたりは腰に魚をとらへ
ふたりはあまりに魚をとらへ　水族館にあまりひさしく住んでゐたふたりだから　もはや青いぼすふおらすの海に死にゆくかんがへにもあいてしまひ　しづかに花たちのさしだした名刺に　笛で語りおはると　青いこの水族館の玻璃を透して　とうめいに笑つてしまつた

人間空間の歴史

魔術的な歴史の上においてひとつの都邑はひとつの都邑を必然に模傚《もこう》し
てゐた
それは模傚の模傚〔ママ〕の脳髄の先天性においてその歴史は正当であつた
眞実吾吾の脳髄はその魔術の網を知覚しない瞬間においてその影は発達
した　随つて昼と夜とにそんなに巧緻に挨拶する吾吾その態度における
適度の睡眠と適度の呼吸は魔術的である
小鳥の指紋　その残されたひとつの思考とともに吾吾の肖像の上に眠る
吾吾の満足の魚の永遠である
鏡のなかに眠る歴史の明証的なる　しかしそのなかに冷酷なる自己はそ
こになんらの想ひでをもたなかつた
明確なる決定　最初の挨拶において私は別れてゐた
花園に踞る神神　その黄昏への最初の殺害のための閃いたその剣の大な
る身長
その剣の最後の終焉を飾る光る静謐　果実の上に殺害された脳髄は海と
ともに匂ふた

突然なる頸

炎その栄華なるオリムピア　揺らぐ黄金の馬の夢想のための暖爐のなか
の宝石の房　燃ゆる女神の光の鬘に光る女神の睡眠　艶麗の波にみちた
裾に接吻するペルシヤ猫のまなこ　琥珀のうへにおこる妖気ある夢

林檎の上の毛髪　その理髪された孤独のために女神は胸に憔悴の小鳥を画いた　豊
麗なる火の鳥の予想のために女神は樹葉の上に眠れる艶麗なる神神の歴史を燃やす
そのための金属の習慣で塗られた暖爐まへの女神それは多くの孔雀の祭礼にみちた
華やかなる億万の世紀にうつる最大の火事である

灰その限りなきピラミッド　憂欝の園に記念である糸にみちた頭脳の塔
木乃伊において可憐である夢なき頸
柔軟なる午後の滂漲せる円頂の円熱

華麗なる窓をひらく　そこで女神は寝台の上からその端麗なる腕を白鳥の並べる水
平線に較べるために延す　そこから雲らはあはただしく鷗を模〔ま〕ねることによつて海
に逃れた　私は雲らを模ねることによつての海への逃亡のためのその非常なる希願

においてはやくも透明ならんとするそのために私はピラミッドの頂きに夢の実れる夥しい首環を嵌めるその麗しい発狂の予想のために多くの空席を砂漠の上に捏造する

水あるひは理由なきマグネッシャ

1

驚異の化粧室　リボンを啣へた女獅子が戯れて化粧塔を倒した　化粧室
の内面で女優は英雄の肖像を崇拝してゐた

2

光るみえない白痴の小鳥　女優の肖像が静かにテニスコオトに臨むだ
そのとき女優は激しく照らされてゐた

3

女優は扇のうへに戦慄の海をひろげて化粧塔を展望した　女優の写真の
うへの女優の夢そのうへにホスピタルが光る

4

防禦のない甲板の上で日傘をさした女優の花瓶の足が戦慄した　女優の夢の中の女優のまなこそのなかに光るラヂウム

5

化粧室の雪のなかに突然に白鳥が溶けた　その遠くなる瞳　女優は暫らく空間の椅子にむかつて答礼した　女優の写真のうへに花瓶の足ある夢が光つてゐた

夢の装置

それはなんのための射撃であつたのであるでせうか
それは人間の旗のひるがへる人間の時間に化粧塔をのぼる化粧の幕のあまりにも魔術的な約束でありました
そのときわたくしは春の果実のうへに実のる金属の光沢にも似たわたくしでありましたがあなたはなぜか全身に羽毛を着けなければならないあなたでした
しかしその盛装の時間の水を泳ぐためにわたくしは充分盛装した人間でありえたでせうか
果して準備したでありませうか　準備は必要でしたか
その仮面の正当な時間においてわたくしは人間として理解されましたか
私は少し生理的になりえることに優遇されてゐました　同時にそれを興味してゐました
その瞬間の状態にあなたを受理することを白痴の光る理髪店の扉において理解しました
私は魔術に照らされて黒い衣服をふる美学の上の医者として承認されませんでした

私は美麗な人間であるためにときどき鱗によつてあなたの正確《（ママ）》を占断しました
そのためにわたくしは優秀な技術者としての矜りのために時計師にも似たおかしい作用になやみました
私はいくたびか空間にあなたの肖像を女優として吊るべく衝動にかられました
私はいくたびかわたくしをあなたとして理解されたい欲望をもちました
なぜでせうか
優麗なる雌しべのためにわたしは理科学教室においての自己の聡明の解剖刀を飾ることから防衛しました
私は科学者と等しいわたくしの位置の獲得を好みませんでした
私はわたくしの位置によつてあなたの周囲を廻ることの純粋な努力の奴隷でした
あなたが逃れたい欲望をもつときわたくしもまたその作用の下にありました
あなたはいくたびも純粋物理学的空間とほく逃れてゐました
あなたはいくたびも螺旋階段の上方に小鳥の指紋を残して消ゑました
その不可避的な必然のためにわたくしはいくたび遙か階段の距離によつてあなたの指紋に祭礼《（ママ）》しましたことか

けれども幸ひに久し（マヽ）時間の後のいまわたくしは純粋に精神を使役し消耗することによつてのそれらの生理作用からの浄化と遁走を知る非常なる叡智にゐます
それだのに未だわたくしはわたくしの頸が突然にあなたの襟に咲くべくその魔術作業に奉仕する夢の多い潜水夫であらなければならないのでせうか

私は夥しい脳髄を水にうつします　そして突然の理解のために水のうへにはげしく燃えます
私はその装置のための憔悴の林檎を理解しなければなりませんでした
私は理解しました

雲のごとき防波堤
私はやがてまなこにアネモネの花をあてることを諒解した人間でありました

招待

a Shigeru Fujiisawa

ホテルの製服をつけて宝石の合唱を讃美する、いよ〱尖がる青い絹のうへの彼の朱い舞踏靴、優秀な時間における彼の釦の優秀な位置の整理、薔薇を啣へた私はエエテルに浮ぶ彼の城のなかに化粧水を注ぐ、それは月と白粉のあひだの、そして優遇された彼の指に吊られた菓子に似た温室である。そのうへに海洋にひらいた窓のなかの少年と少女、少年と少女はリボンのなかからその盛装せる金髪の水を飲んでゐた。

ホテルの製服をつけて水族館の煙突を極めて優美に攀ぢる、其処で彼は承諾の日傘を廻す、照らされて激しくマントをふる美学の上の医者の眼鏡の下に照らされた私は朗朗たる皇子のごとくすべての方向に就てアネモネのごとき理解を持つ、少年と少女は旗のなかに微笑しつゝプラチナの筋ある飛行船に急ぐ彼は花のごとき署名を計画された釦の位置において殺害するそして金属的な風のなかの愉快なる発育に感謝の音をポプラの樹下に埋める、真に豊麗なる消息の時刻であるか、紳士のごとき魔術師は洋燈の下にかれの指紋を改める。

LA SOIE OU LA PETITE PYRAMIDE

王様は細長い窓をながめて窓に生へた皇妃の歯を讃める
王様は瞳に長い魚を吊つて窓の歯並に絹の鶯を贈る
皇妃は絹の恋文を裂いて円い猫に絹の針を植へる
皇妃の喉の絹の繭よ　王様の毛髪の豊麗なる毛虫よ
贅沢なる椅子のうへのあまりにもながい冗談よ

悪い夢の後の怠惰な椅子の上の名誉

鶏冠の頭布《ずきん》をかぶつた貝の宮殿に爪をたてた人が天の眉を望む
未来の翼の生へた大僧正は貝殻の靴を穿いて天の柱を攀ぢる
この額に永遠の十字を植へた永遠の tartuffe は優美である
私は雲の園に横たはつた美食の人の平和な光りを浴びて海の硝子瓶を啣へる
私は馬の長い鬣を磨いて天の窓に生へた細い樹木を讃める優美な園丁である

BAISER OU TUER

acteur は musique の帽子を被つた actrice を接吻し給へ

（それは美しい殺人であるか）

acteur の襟飾のうへに actrice の長い指が覗いてゐる

ACTRICE TYPIQUE

actrice は musique の衣裳を脱いで裸体になり給へ
actrice は優ぐれた腕をもつてゐる
それは acteur の腕をもつた actrice である

SECRET DE L'ACTEUR

襟に actrice の手袋を縫ひつけた acteur は actrice の口をもつてゐる

actrice よ acteur に戯れ給へ

嬰児の指をもつた acteur は殺人の指をもつた acteur であるか

DUO NOSTALGIQUE

浴槽の煙突　そこから Adonis の頭が出てゐる
永遠の musicien の頭である

Adonis よ
Adonis よ

海のなかに Venus の海水帽が見えてゐる

DUO DÉCORÉ

Adonis は浴槽の煙突に頰をよせてゐる
diamant の靴をはいた Adonis それは幼年の神である

Venus よ
Venus よ

Adonis の頰の永遠の虹色の産毛を見給へ
浴槽の煙突から Venus は虹色の湯気を出してゐる

UN ENNUI INFINI

商館のなかに marchand の指が薫つてゐる　商館のなかに商館の主人がゐるがそれは美しい髭をもつた貴族である　永遠に高貴な marchand である　彼は億万の数字を読むがそれは水と睡眠のやうなものである
いま理髪師が彼に美しい鬘を被らせてゐるとき美しい音楽が聞こえてきた
商館の主人は商館のなかに永遠に眠る　温かなる商館よ　温かなる marchand よ　商館の屋根に商館の mascotte がゐる

LE GESTE PERPÉTUEL

瞳に花をあてた muse が宮殿の屋根に立つてゐる
muse は頭髪のなかで香料を燻ゆらしてゐる　muse の頭　そこから muse
の細い煙がでてゐる
塔の上で醒めた詩人　詩人は宮殿の文明的の煙突を眺めてゐる
詩人の永遠の姿勢でありませうか？　詩人の胸が燃えてゐる　更らに詩
人の頭髪が燃えてゐる
詩人の長い指と長い瞳を想像して見よ
永遠の姿勢の詩人　彼は永遠の動作をする
即ち詩人の典型的の長い指が詩人の典型的の長い瞳を動かしてゐる

FILS D'APOLLON

詩人の化粧室に裸体の詩人がゐる
詩人は今浴槽からでたばかりである　何たる崇高な詩人の身長であるか
詩人の頭のなかで美しい音楽が鳴つてゐる
暫らく化粧室のなかで孔雀が病むでゐた

驢て馬に乗つた立派な商人が訪ねてきたとき詩人は神話を読むでゐた
美しい訪問者彼は詩人の脳漿を求めに来た香料商人であつた

APOLLON?

塔の上に詩人が立つてゐる
詩人は pince-nez を掛けてゐる?
muse の胸像を乗せた馬が塔の周りを永遠に廻つてゐる

CONFESSION?

aphrodite の像の前でシルクハツトを被つた香具師が喋つてゐる
天使よ　夕暮でありませうか？　それが非常に崇高なる oracle となる

EST-CE MUSE?

彼女は突立つてゐらつしやる　彼女は女神の着物を着てゐらつしやる
彼女は喋つてゐらつしやる
無論彼女は眠つてゐらつしやる
生意気であるのは彼女の生意気な帽子が花園の方へ向いてゐます
彼女の着物の裾から煙突が見えてゐます
何と言ふ幸福な偽瞞でありませうか
彼女は着物の裾から煙をだしながら小川の岸へ走つてゆきました
そこで彼女は小さい足を水に置いてゐらつしやる
小さい足をもつた彼女は無限に幸福な女であります

LE CERVEAU ET LE SOIR MUSICAL

理髪館の煙突の側に裸体の理髪師が立つてゐる
理髪師は曽つてアポロンの理髪師であつた　理髪師の典型的の裸体が理髪師を典型的に見せてゐる
SES DOIGTS ARTIFICIELS 理髪師は煙突の上に指を置いてゐる
天使よ　理髪師の額の夕暮が美しい
煙突のなかから oracle が聞こえてきた　理髪師よ眠れ
馬に跨つた天体の天使は理髪館の屋根に立つてゐる
天使は眉を病むでゐる　天使は発熱してゐる　それが天使を崇高に見せてゐる
天使彼女は永いあひだ理髪師を恋してゐた
天使の温かなる裸体を見給へ
理髪師の温かなる裸体を見給へ
天使の永遠の裸体から永遠の湯気が出てゐる
理髪師の永遠の裸体から永遠の湯気が出てゐる
天使の馬が啼いた　天使の馬の足のあひだに花が見えてゐる　更らに理髪師の指のあひだで理髪師の器械が動いてゐる　それが無限に

nostalgique である
其処へ天使の従者が美しい鬘と美しい靴をもつて来た
其処からが花園への通路であると言はれる

LE TIROIR DU POÈTE

アトリエのなかに善良で真面目なひとりの青年彫刻師がゐます
青年彫刻師はいま白い馬の製作をしてゐるのであります
青年彫刻師は白い着物を着てゐて白い顔をしてゐます
かれの動作は純粋な俳優の動作であります

それはアフロディテの腕を四方に感じる春の夕暮でありました
それは青年彫刻師の体温が最も高い時間でありました
白い馬の彫像は出来上りました
その馬の瞳の何処かが女に似てゐました
彼は煙草を喫ひました　すると忽ちその刹那に彼はその馬と世界を激しい嘔気をもつて感覚したのであります
それは永い睡眠の後にやつて来る嘔気でありました
そして其処に何が起きたでありませうか　其処に彼は煙草を啣へた儘で自殺してゐたのであります
翌日彼の机の抽斗が開かれました
其処から一枚の写真が現はれました

それは白い馬の写真でありました
そしてそれが彼の恋人であつた天使の写真であつたことが発見された時
彼も亦いよいよ詩人であつたことが証明されたのでありました

OPÉRATION POÉTIQUE

長い着物をつけた青年は長い着物をつけた天使を恋する
長い着物をつけた青年は長い着物をつけた天使と長い柄のラケットをもってテニスをする
世界は純粋である

DÉPART DU POÈTE

最新のカンガルウを連れた青年が美しい令嬢とオペラに出かける

写真が撮られた　青年の全体が白く撮れてゐたそれは青年の聡明を現はしてゐた

これが詩人の出発である　そして出発の意味は何時でも可笑しいのである

BAVARDAGE DU COQ

天使が大砲を鳴らした　薔薇と薔薇とのあひだに起つたアレゴリイを見
よ　薔薇と薔薇とのあひだに小鳥の糞のやうな天使の白い糞がある
僕は胸に大きな勲章を吊つて現はれます　僕は清潔な顔をしてゐて非常
に精神的の顔をしてゐます
清潔な顔をした精神的の子供僕はながいあひだ退屈な子供でありました
この純粋に野蛮な状態は清潔な顔をした精神的の子供僕の驚異でありま
した　僕は天使の糞を食べます
この突然の治療は有効でありました　僕は香水タンクのなかから出てき
たアポロン神のごとくなりました　そして世界が非常に軽いので僕は非
常に軽薄になつてしまひます　僕は胸に鮮明な穴をあけまして快活に喋
るのであります
太陽よ　oh mon cher maitre　君は僕の襯衣を熱心に乾かせよ　けれども
僕は最早君に倦いてしまつた　僕は君の顔に唾液をかける
諸君　水のなかでは美神がお尻をだしてゐます　退屈な孔雀さん　そし
て僕の指先きの最新の七絃琴で天使が首を吊つています　僕は牝山羊の
乳を飲むでいよいよ高慢になります

日本超現実派の運動に関する
銀行家カンガルウ氏よりの通信

産毛をつけた日本の詩人諸君に贈る

吾吾は日本のエヴエレストに生誕した　吾吾は先天的に神秘な口と神秘な眉をもつてゐた　更らに吾吾は後天的に吾吾の優秀なる頭脳を優秀に破壊するタランを賦与された　しかして吾吾の文明のなかに吾吾の愉快なる発達と愉快なる成長の遂行があつた

或る文明的の神話の夕暮に吾吾は日本のエヴエレストの頂に文明の最高の手術を受けた　それは文明の最高の教育　芸術の新しい宗派の洗礼であつた　吾吾は比類の無い強大なる権力の命令に依つて日本に吾吾の新しい言語と新しい宗派の伝導を開始した　此処に吾吾の新しい歴史の開闢があつた　その時未開国日本の嬰児の如き可憐な詩人諸君は眠つてゐた

彼等の幼稚なる知覚に依つて受胎された幼稚なるサムボリスム　更らに輸入されたあらゆる流派《エコオル》の商館的レツテル美学の上に　更らに更らにポオル・モオランの奢侈なる外交術の挨拶に傾倒してゐた

仏蘭西《フランス》の吾吾の宗門　吾吾の同胞よ　吾吾は彼等を教育する、貴下等は可笑しくはないか

吾吾は彼等の人糞と肥料の堆積の上に吾吾の精鋭なる武器と最新の煙

草を吸ふことに依つて耐へた　吾吾は彼等の遅鈍なる頭の上に吾吾の薔薇を植へた　吾吾の薔薇の成長は可能であるか　このことの滑稽なる結果の予測のために吾吾は再び苦笑するだらうか　吾吾は再び軽薄な顔をするだらうか　異教徒の開祖は永遠に異教徒であるのであるか

日本の詩人諸君　君等は肉体のみの青年であるか　君等は生殖器のみの青年であるか　吾吾の荘厳なる脳髄の噴火の前へ来い

黎明の鶯は未だ鳴かない　伊達者《ダンディ》トリスタン・ツアラは今如何なる煙草を啣へてゐるのであるか　ルイ・アラゴンは未だ彼の真夜中の巴里で煙突や窓を揺すつてゐるのであるか

アンドレ・ブルトンはその激しい痙攣と及び狂人との会話のために病院へ帰つていつたのであるか　フイリップ・スゥポォは遂に汽車に乗り遅れてしまつたのであるか　ヤコブス・フイリップス〔西脇順三郎〕は油で足を洗つてゐるのであるか　上田敏雄は料理店のなかで奇妙な魚を注文したのであるか　その他吾吾の友達はその聡明な顔を憂鬱な日本島に倒影したのであるか　諸君の貧弱な頭はこれらに就て考へて見たことがあるか　友達よ　彼等に対して怒ることは止めやう　吾吾は彼等の瞞着のために狐のごとく狡猾になれよ　狐のごとく狡猾に彼等を擽《くす》ぐれよ　彼等が彼等の訛りのある言語でポエジイを発音する　所詮田舎者のポエジイを発音することは彼等の素性を明確に暴露すること以外の何物でもない　要するに吾吾は唾液を吐けばよいのである

1929年吾吾のカフェの細長い卓子の上に吾吾の文学と文明の革命があつた　吾吾は黒い肉襦袢をつけた　吾吾は極めて奢侈なる手袋と靴下をはいた　暗殺が起つた　日本の可憐な顔をした詩人諸君は吾吾の驚嘆すべき奇異なる煙草の煙によつて暗殺されてしまつた　驚嘆すべき吾吾真に驚嘆すべき吾吾　シユウルレアリスム　この流派《エコオル》の名誉ある血統は日本の温かなる地方に奇矯なる発達を遂げた　吾吾の光彩陸離たる文学の円光は日本の首都東京を飾つた　吾吾の魚と吾吾の鳥の言語は首都東京の架空線を乱した　電線は吾吾の言語で充ちた　あらゆる通信と会話は吾吾の言語に依つてなされた　吾吾は快活に吾吾の勲章と帽子について語つた　吾吾は吾吾の新しい政治　シユウルレアリスムに就て語つた友達よ　吾吾は吾吾のMusée の Places を獲得したのであるか

シユウルレアリスムは空腹な日本の詩人諸君に急速に「現実の貧困」を告げた　空腹な諸君は牛肉やカレイライスを食べてマルクスやエンゲルスに就て談合してゐた　それは君等に全く相応はしい　けれども吾吾は富裕である　富裕な吾吾は食べない　食べることは上品ではない　寧ろ吾吾は吐く　吾吾は清潔である　富裕な吾吾は富裕な着物を着る

シユウルレアリスムそれは夢の状態である　夢のメカニズムの上の文明である　シユウルレアリスム此処で知覚は精神分析学的真髄と物理学的純粋を究めた　吾吾は全く純粋創造の世界のなかに這入つた　吾吾は諸君の小学生的歴史学に何らの関係をももつてゐない　吾吾は透明なる

壜のごとき形態をもつてゐる
シユウルレアリスムは諸君の頭を悩殺する　諸君は最早時計の正確な計算を覚えてよいときである　吾吾の馥郁たる香水商館「衣裳の太陽」の前へ来い　而して吾吾の文明を交易せよ　噫　吾吾の諸君への嫌悪の先天的であるか

THÉATRE DANGEREUX

大理石の浴場のなかを足に鎖をつけたアフロディテが歩き廻はつてゐる　アフロディテそれは石鹸と香水瓶の餌食によつて海から容易に捕へられて来た猛獣である

浴槽のなかに石鹸のピラミツドがある　アフロディテの着物の靡いてゐる洋装の煙突がある　アフロディテの浴槽の波はアフロディテの着物の波である

諸君　僕を見給へ　僕は最新の燕尾服を着てゐて最新のメロン帽を被つた天使である　無論これは最新の猛獣使ひの扮装であります　僕は鞭と足とでアフロディテを馴らすのであります

　これは危険な劇場《テアトル》であります　これが僕の劇場《テアトル》であります

諸君　諸君は危険な劇場《テアトル》の危険な屋根にゐるのでありますが諸君は危険ではありませんかね　それとも諸君は満潮の海を見てゐるとでも仰有るのですかねえ

　僕はアフロディテに乗ります　僕はアフロディテに乗つてアフロディテの鼻を嗅ぎます　これは雌雄の判別であります　さうしてこれは動物馴化師《ドントウルダニモオ》の最も聡明な技術を必要とするのであります

疑ひも無くアフロデイテは香料の製造を専門とする生殖器を所有する
女神でありました　さうして僕はこのとき嘘をしたのでありますが勿論
僕が天使で今日の天使の総てが皆聡明な犬の種族に属してゐるのは諸君
もよく御承知でありますからねえ
即ち僕は最新の燕尾服を着て最新のメロン帽を被つて煙草店へ這入つ
ていつては小便をして出て参るといふ最新の花形天使であるといつても
よく似合ふといふものです

わが生活レビュー（一）

「抽象的なこと以外に熱中するのは薄志弱行の徒である」とボオドレエルも言ってゐます。

私は大抵机の前に坐ってゐます、ミユウズの古ぼけた手袋が私の前に現はれて私は非常に退屈します、けれども私はこれが非常に贅沢で高貴であることを諒解してゐます。

THÉATRE MERVEILLEUX

鮮明な縞の着物をつけて絹帽子《シルクハツト》を被つて見たといふ体裁の天使　その天使の服装をつけた猛獣使ひがアフロディテの這入つてゐる劇場の檻のなかにゐます　猛獣使ひ彼はアフロディテに口から泥を吐かせてゐるのであります

劇場のなかに水上を走る自転車があります　液体の塗られた陸上端艇があります　自転車と端艇はアフロディテの好む淫具であります

アフロディテ彼女は彼女の母親が石鹸であるといふ神話を信じることによつて発達した女神であります　それは一枚の裸体写真が彼女の莫大の財産であるといふ女神であります　即ち世界驚異の的になつてゐる女潜水夫で亦さうした女乞食でもあります

アフロディテの腕の淫蕩の瘤　いま猛獣使ひは彼女の淫蕩の瘤に石鹸水を注射しました　反応は明瞭に起りました　忽ちアフロディテは頭を激しく立てて檻のなかを駈けます　アフロディテよ　この美人の美しい癇癖が如何に貴女にお似合ひであるかを見給へ

このときこの劇場の花形が出て参りました　それは亜弗利加《〔アフリカ〕》生まれの若い美しい牡獅子であります

さうしてこの亜弗利加の立派な鬣をもつた王子様はアフロデイテの片腕を食べてしまつたのであります
更らにこの劇場の観客を驚かせたのはこのとき突然に猛獣使ひが見えなくなつたことでありました
だがこんなことに驚いたといふのは観客が彼等の無智を暴露した以外の何物でもありませんでした
無論　左様　最初から縞の着物を着て絹帽子《シルクハット》を被つた天使が縞の着物を着こんだ猛獣使ひに化けこんでゐたといふありふれた簡単な天使の筋書きに過ぎませんよ　天使が鮮明な縞の燕尾服をひろげてこの劇場から飛び去るのを鼻眼鏡《パンスネ》をかけた腹の太つた劇場の主人私が見逃しこはありますまいからねえ
果して劇場の屋根に天使の絹帽子《シルクハット》が伏せてありました　さうして天使の絹帽子《シルクハット》の下に天使の液体がありました　勿論天使の小便に違ひありませんでした　謙譲な天使　これは謙譲な天使の感動と天使の謙譲な礼儀を現はしてゐるものでありました

私は劇場の裏へ来ました
此処で私はアフロデイテに麻酔剤を嗅がせて彼女を眠らせました　更らに彼女の発達した肉体の上に端艇を伏せましてこれが最も人工的(artificiel)　で最も最新式の人魚の死であるといふのであります

POÈME DE POÈTE DE TROIS ANS

クレオパアトルを乗せた汽船がクレオパアトルの着物を煙突から靡かせて鷗の群をわけて進行してゐる　伏せた端艇の並んだ砂浜で石鹸のピラミッドに頬をよせた俳優は化粧する　或は俳優はクレオパアトルの汽船を動かしてゐる　クレオパアトルの汽船の前方にときどきアフロジットの頭が出没する　それが石鹸の広告であるといふのは夫人の顔をした詩人さんのいひぐさでね

熱帯の太陽はクレオパアトルのための鮮明な春の流行の日傘である　桃色に染まつた熱帯の美人の肉体を想像して見よ　更らに桃色に染まつた彼女の肉体の内部を想像して見よ　クレオパアトルはまもなく口から真珠の宮殿を見せて美しい虹の出てゐる世界に現はれるだらう

私は寝台の上で醒めてゐる　私は寝台の上で肉体に油を塗つた美人クレオパアトルのリボンのごとき水泳を眺めてゐる　私は俳優がクレオパアトルをバランソワアルに乗せて俳優がバランソワアルを揺することを希望するものである　私は俳優とクレオパアトルのこの運動が比較的永久的の運動を現はすものであることを知つてゐる　見よ　俳優はクレオパアトルを恋してアフロジットの臍を舐めたい欲望をもつ　俳優が首をの

ばしてアフロジットに嘆願するのは可笑しいね　けれども俳優が首をのばすのは天才的だね　後程俳優がアフロジットの臍を舐めたとき其処にはクレオパアトルの生産地あの有名な波の味覚があつたといふわけだね　それで俳優はあんなに美しい眼をしてゐるんだね　それで俳優はあんなに美しい眼をして石鹸のピラミッドを廻はり始めたんだね　石鹸のピラミッドはクレオパアトルへの贈物でね
見よ　クレオパアトルは甲板の上で顕微鏡をもつてメタフィズイクの書物を読むでゐる　この新しい知識はクレオパアトルの瞳を富ましめるに充分である　小鳥はクレオパアトルの瞳をくはへて宝石のごとく飛び去る　さうして小鳥は俳優の掌の上に墜落する　墜落の神秘　桃色に染まつた俳優の掌の上にクレオパアトルの手紙はフアントオムとして一瞬間存在したであらう
私は寝台の上で夢を見る　真珠の日傘をさしたクレオパアトルは石鹸のピラミッドをもつた神秘の息子俳優と結婚するであらう　クレオパアトルと俳優は真珠の車輪をもつたロコモティイヴに乗つて極めて緩漫な旅行をするであらう　それは世界における最も退屈な蜜月旅行であるだらう
私は寝台の上で夢を見る　疑ひもなくクレオパアトルと俳優の乗つたロコモティイヴは転覆するであらう　さうして破壊されたロコモティイヴのなかの破壊された俳優の心臓は優美なる機械であるだらう　また破壊

されたロコモティィイヴのなかに失神して突立つてゐる女王としてのクレオパアトルの姿勢があるだらう　それはピラミッドのごとき形をしてゐるかも知れない　それは女王クレオパアトルの高慢の明瞭な証明であると同時にそれは美人クレオパアトルの肉体に現はれた最初の馬の徴候であるだらう

今僕は世界のごとき円い着物を着てゐて世界のごとき円い瞳をもつてゐる　僕の瞳の前に美麗な水掻のついた婦人達の手袋の軽薄な運動があるさうして僕はこの運動を非常に美しいと思つてゐる　世界のごとき円い着物を着てゐて世界のごとき円い瞳をもつた僕は軽薄である　今僕はクレオパアトルの息子としての更らに亦優秀なる美人の批評家としての出発をするであらう

『恋の黄昏』の読後に

最近田中氏から詩劇集『恋の黄昏』の寄贈を受けた。そして今日田中氏から何か感想を、とのことであつたので、私はそのなかで最も優ぐれてゐると思ふ「恋の黄昏」について、インク瓶から若干の貧しい言葉を釣り上げるのである。

しかし田中氏のポエジイはHumainのなかからその純良なるものを抽出して、その精髄を高唱するのであり、私は手術によつてHumainの一切を切断するにあるのだから、田中氏と私とは非常にポエジイのポイント・オブ・ヴユウを異にしてゐる。

不肖私にして田中氏のインテンションの理解に過失がなければ大変幸福である。

此処にロオデンバツハ風の寺院のやうな別荘がある。なかにはサマン風のカアテンが揺れてゐる。

別荘のなかには水が漂つてゐるので、此処は水族館のなかにひらいたホテルのやうに美しい。

サンドは真珠貝をつけて病める孔雀を連れた女優である。

ショパンは燕尾服をつけた永遠の痩せた少年である。

窓の外には青葉が健康な歯を見せてゐるのでサンドはすつかり衰弱してゐる。そしてショパンの頭のなかには絶えず軽量の頭痛がある。今ふたりのなかでアルコオルランプが消えやうとしてゐる。

柱時計を見給へ。恋愛のキヤタストローフである。或ひはそのフイナレ、灰である。

此処で作者は醒める。此処で作者は純粋な光線を認識する。

すると衰弱の魚が逃れてゆくのである。即ち音楽家ショパンの出発である。即ち作者の出発である。

私は作者の息で呼吸するショパンの息を感じる。

私は作者の息で扇を使ふサンドの扇の息を感じる。

歎息の虹は何時でも美しいのである。

人はこの作品のなかから病める人間の激しいノスタルジヤと、アンニユイを感じ、極めて小さい小鳥のやうな心臓をもつた人間の美しい言葉を聞くだらう。

そのために作者は既に美しい言語を充分に選択してゐる。更に美しい刷毛を作者は用意してゐる。

作者の指のなかの灰は生きてゐる。作者の眼瞼の上の美しい夕暮を見給へ！

再び夕暮は来たのであるか？　そしてサンドとショパンは尚も小鳥の言語で会話してゐるのであるか？　現実の壁が彼等に少しずつ迫ってゐるのであるか？

作者は如何なる表情でこの壁を眺めてゐるだらうか？　私は作者に「現実の貧窮」を告げなければならないだらうか？

最近詩壇に望みたき事（一）

ポエジイと全く関係のない日本の詩壇と云ふものに就ては全然信用して ゐませんから随つて希望と云ふやうなものは全然もつて居りませんが只 吾吾の新しいポエジイ運動を育ててくれる温かい芸術グランドが欲しい と存じます　それから正確な脳髄をもつた批評家がゐてもよいと存じま す　しかし結局憂鬱な日本島ではミユウズの永遠の階段で永遠に醒めた 詩人は永遠に軽薄な顔をしてゐなければならないのでせうか

『仮説の運動』へ反射する

Nihilité d'Electricité はムッスィュウ上田敏雄の仮説の世界である　即ち全く運動の存在しない純粋創造の世界である　芸術の完全の運動は運動のない運動である　殆んどコンヴュルジオンのないコンヴュルジオンのある顔である　エクスプレシオンのない顔が金属の舞踏室で永遠にピアノを弾くのは表現の世界に関係しない俳優の美しい永遠の動作であるこの俳優は崇高である　この俳優は殆んどマシインである　彼の眼は永遠のセレニテをエスペレする　彼の眼は殆んど永遠のセレニテのサムボルである彼の眼

シウルレアリスムが偉大なエスプリの運動主義であること及びシウルレアリスムが agitation や実際の ardeur を所有するところよりシウルレアリスムが「他の写実主義」であるとするのは彼の必然の bifurcation である　此処に彼の「モンシウルレアリスム」の問題及びその名誉への理解が存在する　私は彼の「モンシウルレアリスム」に讃同するものである。

彼の芸術の歴史はポエジイアルティフィシエルの歴史である　彼の

ミュウズの階段はアルティフィシエルの階段である　彼はアルティフィシエルの方法をもつてこの永遠に可能であるミュウズの階段を上つてゐた　燃える若いミュウズの胸は崇高なポエジイの燃えるセックスであつた

このとき典型的に美術的である美術師ジャン・コクトオの美貌が彼の装飾家の年齢を誘惑したのである　このことは彼の典型の血統に起因するものであつた（彼の運命よ　彼の運命は彼のポエジイであることを彼の運命は答へる）そして此処に美術師コクトオとの恋愛が装飾的の電話によつて音楽のごとく交換されてゐた　コクトオの電話のなかの巧妙な話術はレアリテの最高の声であつた　或はサンジュアリテの最高を示すものであつた　この神学校の流派のなかで彼は現今のヴェニュスの正体を学んだか　またコクトオとの恋愛は彼の歴史のなかの彼の重要な俳優であつたか　彼はこのことに関して責任がありません

聽てコクトオからの分離　優秀なサンジュアリテをもつたイデアリストの顔は既に彼に快適ではない　既に彼はコクトオを理解しない　コクトオの断末魔の顔はレアリテの最高の表情であつた　冷淡である彼よ冷淡であるメカニッシャンの全く関係のない美しい顔よ

シュブスタンシエルである芸術の世界を所有する彼はシュブスタンシエルである芸術の世界を所有するトリスタン・ツアラの芸術の部分にインティメイトである　恐らく彼はツアラのマニフエストを最もよく理解

するものであらう　けれども彼はツアラを表現しないものである　彼はユニイクであるエトランゼである　ユニイクであるエトランゼはユニイクである方法をもつ　再び「モンシウルレアリスム」の名誉よ　ユニイクであるエトランゼエはかの無線電信を愛する

シュブスタンシエルである彼の芸術は必然に tromper この実体のプレイを要求する　極めて感情的でないプレイである　完全なるプレイのごとく完全なるプレイである

詩集『仮説の運動』はこのプレイの妖麗なる実証である　実に彼のポエジイは妖麗なる実証である　不思議な足のごとき形体の見えない運動昇騰する艶麗のポエジイの昇騰する艶麗のセックス　それらは私を小鳥のごとく魅了するに充分である　おお彼の背後に延びた彼の手が美しい汽船を走らせるよ　無線電信の王子よ　無線電信のごとく関係のない王子の意志は創造の世界に関係する　形体と運動が何等の役割を演じない純粋抽象の世界よ　その世界のなかの形成されない彼の眼よ　その世界のなかの形成されない彼の腕よ　その世界のなかの生生しいポエジイの溶解物よ　かんだかい彼のポエジイはカァデンツアのごとく純粋に装飾的である　彼のポエジイは既に音楽としての理解を超越する　要するにヴィルチュオズ上田敏雄は発見の美しい遊戯者である

詩集『仮説の運動』は日本で評判がよいか　彼はこのことに関して全く知らない　ともあれ『仮説の運動』以前の日本は退屈であつた　僕は

『仮説の運動』以後の日本を始めて歌ふものである　『仮説の運動』それは実に日本に属する最初の文学である　かの有名なるヴェニュスの生誕のごとくこの有名なる文学の生誕を祝福せよ。

Juillet 1929

apparition

正午　羽毛のトンネルのなかで盲目の小鳥達は衝突する　彼等は翼のない絶望の小鳥等となつて私の掌のなかに墜落する　彼等が婦人達の手袋に似てゐるのは墜落の神秘である　然し婦人達の手袋が彼等に似てゐないのは手袋の特徴である私（ママ）も亦私の美しい手袋をもつてゐる　然るに扉のなかの甲冑をつけた囚人等　壁のなかの忘却の襤褸をつけた囚人等が私の孤独を喝采するために私は怒つて私の手袋を投げる　それは未知の世界においてひとつの空井戸のなかに落下する　其処に起る薔薇色のアパリシオン　薔薇色の火災は私の美しい発見である　雛罌粟よ　汝がこの絶望の空井戸のなかに生へてゐて私の発狂せる毛髪の麗はしい微笑を聞くのはこのときである　このとき天の扉は開いてゐる　そしてひとりの死者の微笑が静かに天空を通過する　私が夢見るのはまたこの雨の下である

LE PIÈGE DE LA POÉSIE

宮殿のバルコンにMUSEがゐる
MUSEは足に星をつけてゐる
星はMUSEの頭髪のなかにもゐる
星はMUSEの着物の上にもゐる
星はMUSEの何処にでもゐる
MUSE彼女は星でゐらつしやる

裸体のアポロンは宮殿の煙突の側にゐる
アポロン彼は詩人でゐらつしやる
彼は写真機をもつてゐる
月が昇れば彼はMUSEを殺してやらうと考へてゐる

暫らくの間アポロンの指のあひだから間断なく砂金が落ちてゐた
驪て白い鳩が群がつた
美しい水が漂つた
そして月が昇る

けれども其処に如何なることが起きてゐたか
MUSE の顔が非常に白くなつてゐた
アポロンの顔が非常に白くなつてゐた
更らに MUSE の全体が白くなつてゐた
更らにアポロンの全体が白くなつてゐた
そして世界が非常に抽象的になつてゐた

可愛想な詩人アポロン　彼の写真機から煙草の煙が出てゐます
そして彼は煙草の煙即ち POÉSIE の永遠の罠を眺めてゐます
彼は今月の光を浴びて神話と文明の混乱した夢から醒めたのでした

魔法書或は我が祖先の宇宙学

見よ　迷宮の縫目から致命傷の漆喰が現はれて神秘な笑を笑ひながら死んでゆく　三角戸棚のなかで逆になつた女魔術師はその九角形の正体を見せてすべての植物性襤褸とともにそれを喝采する　ひとりの天使は肉体の内部の見えない螺旋に悩まされて月夜に青い痣の疑問符号をつけた苔蘚類の侵入を許可する　これは月夜における青鮫の昇天である　鉛の潜水鳥よ　私は汝を VENUS への全権委員として派遣したのであるが汝は遂に三日月の横顔に到着した　これは汝の霊魂論の紛れもない過失であつた　何ものかが壁のなかで汝のために陳述する　この陳述は極めて無愛想であるが私を喜ばせるので有利である　地獄は青色の七個の円筒を出して馥郁たる煙を送つてくる　けれども氷とその一党は不在である　紅縞瑪瑙は慧星の線条ある軌道を通過せんとして真珠の哨兵に発見される　彼は真珠の優美なる射撃を受けて ZÉNITH に於て激しく血液を流す　このことは日蝕五分前の MUSE の写真には現はれなかつたが日蝕五分後の MUSE の写真のなかに明瞭に反応したのである　私はこの写真を芥子粒の王子に贈つたとき彼は皇族画報を眺めてゐたのであるがこの美しい縞馬の写真を眺めたとき彼のカスケット帽は至極満足に跳

ねた　このとき蝗の王国は少しくその赤味を帯色する　そして香料の雨がこの王国の上を通過して奇態な漂泊作用を行ふ　この作業は長時間に渉つて継続する　それ故雨彼等の喋る驚くべき言語は月を乾燥させるかと思はれる　これらは真実最新の弾型漂泊素であるのか　私は彼等の発展の犠牲である　既に孔雀石の上に縫針の避雷針と截屑の馬具は装塡された　これは思想の豪雨の日の細菌類の巧妙なる逃亡である　おお太陽も亦彼の若い情婦を殺害して逃亡する　蒼白なる科学者よ　あの層雲の伏魔殿に注意し給へよ　最小口径砲と羽飾のついた鳥糞射出口及び潜伏処の望遠鏡　これらは三位一体である　この明快な真理の微風の後で科学者は捕虫網の如く微笑する　彼は彼の微笑の網を透して遠く塵埃のなかに跳ねてゐる一個の舞踏靴を認識する　この舞踏靴それは全く彼の母親コンパスに相似形　そして彼の微笑の裂目其処から彼の ENNUI は遊歩してこの舞踏靴を食べる　白色の手袋は黒色の手袋と抱擁する　そして石綿の裸体はいま一度天使の体内で気絶する　ああ今日私が通過したとき飾窓のなかにゐた頭と腕のない MANNEQUIN よ　明日再び私が通過するとき汝は巨大なる截断鋏で飾窓のなかに切腹してゐるのである　宏壮なるスケート場の夜　其処では氷結した人間の影等が氷の喝采のなかを滑走してゐる　死者等は永遠に地下を旅行する　彼等の懐中の緩漫にして正確なる歩度計　それは裏面もない一面の MÉDAILLON 完全の法典である　巨大なる OMBRE の胸の鎧戸からは無数の灰色の傴僂

達が生まれてくる　彼等は一様に列をなして水流の浅瀬を遊歩するが再びOMBREのなかへ還つてゆく　風塔の上の風信子よ彼等は汝の他の耳から這入つてゆくとき快活にそして他の耳から出てゆくときその足音は悲し気であつた　このことは汝よりも更に優秀なる菫の耳においても同様であつた　果してこれはOMBREの微笑の幽霊であつた　私の眼球のなかでは熱風の密会が急に静かになる　この急激な変化は一体何の合図であらうか風信子よ　威しい天体の黙示の下に最早私は硫黄の皇帝と硫黄の交換を終了したのであらうか　見えない仙境では一羽の鷲のために造られた大理石の壁が垂直に成長してゐる　垂直の論理は正しいか正しくないかそれが極めて緩漫な速度をもつて天に到着してゆくのが分かる　けれどもこの壁の如何なる成長の瞬間においても常に頂上を好む鷲は壁の頂上で鳴く　鷲を理解しない壁のプロフィールは美しい　美しい壁よ　汝の内部は矢車菊と苜蓿と美人草　汝の外部は美人草と苜蓿と矢車菊　そして藁茎の　BAGUETTEをもつた仙境の番人は右手の手袋だけで満足する　これが簡単の仙境の神秘の完全の永遠　簡単の仙境の神秘SIMPLICITÉの神秘　一個の煙草入のなかの世界　一個の煙草入であるる　見給へ　北極から還つてきた植物達は私の玄関に到着したとき既に死亡してゐる　これは数千年以前の土曜日SABBATにおいて既に魔王に依つて決定されてゐた彼等の宿命であつた　このことに関しては未だ体内にゐる紅鶴の雛さへも知つてゐる　然し彼等の出発のときよりも遥

かに斬新な流行色を示してゐる　彼等の襟飾の上には美麗なる彼等の鼻が認められた　それは彼等の霊魂と等しい色彩をしてゐる　そして第一等級の星は何ものもそれを見てゐない時間に彼等の頭上に輝き彼等の肩の上の発見の火災の痕跡を照らす　他の星等は茴香の饗宴に招待されるけれども彼等がその席上で見るものは只だ黄色の火災のみである　私は美貌の瓦斯に就て語らんとする　そして私は反射鏡の下で偶然に滑り落ちた猥褻なる写真のなかに黒色の肉襦袢《マイヨオ》をつけた今日の死をば容易に発見する　彼の女の宝石入の爪は瞬間地上を照らす　彼の女の叉になつた銀の足は死後の迷路　そして彼の女の背後に光の尾が遠く天上の星に連らなつてゐる　月の花粉が化粧した彼の女の顔は彼の女の思想　最早彼の女の顔と月と判別することは出来ない　これは無思想の典型　明日の彼岸の雪崩　そして覆へされた春の寝台の羽毛の散乱のなかに彼の女がローレライの歌を歌ふとき銀河の河底深く逆さに生へた樹木はゆらゆらと彼の女に挨拶する　彼の女は亦人体学の総和が睡眠と水であることを歌ふ　このとき彼の女の姿は金字塔の最高処で鳥糞の上に坐つた最新のセラファンである　或る初夏の朝　私は品行優良なる薔薇が羅針盤に採用されるのを目撃した　この薔薇の祖先は嘗ての天啓発揚派であつた　この私の理解は正当であつた　何故ならこの日祭礼の雲は私の頭上で静かに円舞し五色の雨を降らしたのであつた　いま私が開いた鏡の底の AVENTURE の窓よ　私が眼にアネモネの花びらを押しあてて手探ぐ

りで小鳥の備忘録を探しに出かけるのは此処からである　私は家具の腕をもつた種々なる妖怪達に出会ふが此処は均衡の崩れた精神の城の内部の廻廊である故に彼等は私の忠実なる召使に相違ないのである　突然私の口のなかで真珠の如き神が蜂鳥の現行犯に向つて頰笑むや否や忽ち溶けてしまつた　暗らい暗らい暗らい　そしてこの暗黒のなかで廻廊の末端において窪む一個の貝殻は人間の最初の完全な論理を形成する　またこの暗黒のなかにおいて右手にプレイアッド星座のみを認識して歩行を続けてゐたひとりの旅行者は数時間の後に神秘な獣帯光の下に彼の左手に砂漠を発見する　彼は異常なる秩序をもつて組織された仙人掌の社会に異常なる緊張をもつて少しく接近する　忽ち彼は仙人掌から黒色の水の射撃を受ける　驚愕して彼は空を見上げる　然し聞くものは只だ彼の発狂せる毛髪と空の円形劇場にみちた星の紳士の笑声のみである　おお天上の星星よ　彼の肩の上に刺繡された彼の運命をも判読し給へよ　彼の過去は権門の紋章の上のあの黴の笑靨そして彼の美しい未来はあの鏡のなかに見える珊瑚礁における見習潜水夫　そして滑石含有料の莫大な石鹼は彼の乳母であつた　私の舌が銀の匙である私は私の舌が銀の匙であるかの如く歌を歌ふ　今日霰は如何なる思想を帯色してゐるであらうか　また風の商会は如何なる組織のもとに動いてゐるのであらうか　嘗つて狩猟の女神の衣裳に落雷したときその截断された女神の衣裳の上に私が雷鳴からの通信を読むだのは事実である　然し最近私が欝金草の秘

密結社において受信した稲妻の波長は失語症のそして転倒語法にみちた人間の声に近いものであつた　DOUBLE ÉTOILE 彼も亦最早出現しない　羽毛の小鳥と鉛の小鳥の墜落の等しい現世紀において最早私に親密なるものは汝硝子の ROMÉO 汝金剛石の JULIETTE　私の磁針は狂ひ出す　私は太陽のなかに眠る薔薇色の昆虫（実はそれは薔薇色の卵であるのだが）を刺さんとして彼の胸を突き刺す ROMÉO を見る　姫蜂よ私が君に愛想するのはかかるペリカンの時間においてである　それは時間が全く白金線である時間　このときクレオパアトルを乗せて疾走するヨツトは白金線の波打際に沿つて岬を旋廻した　春の海洋は白い　クレオパアトルの倦怠は白い　クレオパアトルは唾液を吐く　それは白い花である　白色の鷗は飛ぶ　私は関係がない　私は白い　私の上方で白色の雲は急速に動く　それは虚無の電気である　見よ　真空のなかに犯罪がある　金モオルの王子が白金線で絞殺されてゐる　けれども犯罪者が硝子であると考へたのはイオンの女王よ　貴女の早計であつた　どうして私が硝子であり得やうか　貴女は私の夢が如何なる指紋をも残さないといふこととこの犯罪にある類似（例へば蝶と花粉の如き）を見出さないであらうか　また私の夢がどうして生きてゐないだらうと言へるだらうか　私の夢は私と全く無関係に生きてゐる　私においてさえ屢々彼が私を殺害するのではなからうかと暗示を受ける程である　風の如きまた自在風車の如き彼の理性は全く彼の理性　彼は理性のみである　澄明な

発狂の夕暮に彼の光る　ABSENCE　は彼の真理の汚点である　おお眠れ
すべてのハムレットの霊魂をもつた草花等よ　さて私は七里靴を穿いた
そして ZEUS よ　私は汝に面会する（まあ　この星月夜に何たる夥しい
溶岩の落下）この光景が私に閃いたときそれは汝の巨大なる頭の円筒か
ら生誕するあらゆる天体達であつた　太陽就中太陽は汝の最大の傑作で
あつた　汝の頭の円筒のなかの凄じい機関よ　汝の巨大なる頭の永遠の
CHAOS よ　私は睡眠の青白いトンネルをぬけて汝の頭の永遠のなかに
十字の雪の降つてゐるのを認める人間である　いますべての不思議なる
射撃は行はれる　然しそれらは直ちに理解されるのである

詩に対する態度

ポエジイへの態度はつねにポエジイへのクリテイシスムに於て始終する。そしてこのクリテイシスムの発展は具体物ポエムに依つて客観的に示される。エスプリ・クリテイックの発展。物質の永遠の飢餓を反映せるエスプリの矢は人間の歴史を縫ふて光る。

成立

Wir suchen überall das Unbedingte und
finden immer nur Dinge - Novalis

夜の子宮のなかに
私は不眠の蝶を絞殺する
私の開かれた掌の上に
睡眠の星形の亀裂が残る

★

風はすべての鳥を燃した
砂礫のあひだに錆びた草花は悶え
石炭は跳ねた
風それは発狂せる無数の手であつた

溺死者は広場を通過した
そして屋根の上で生が猿轡を嵌められたとき
夜は最後の咳をした

★

かの女は夜の嵐のなかに
鉛の糸を垂れて
かの女の孤独の影を釣る

★

泥が泥を喰ふ
石が石を粉砕する
沈黙が沈黙の喉を絞める
不幸が不幸を下痢する

早朝私の影は穴倉から
血の繃帯を顔に巻いて出てくる
蒼白な風の平原
そこで私は風の首を切断する
私の頬は打ち倒された
私は私の顔を喪失する

肉体の周囲に
死は死人のごとく固い

★

沼が泥の足で入ってくる
壁のなかで蕈が拍手する
肉体は久しいあひだ
寝台の上に忘却されてゐる
肉体それはつねに荒地である
そこでは臓物の平原のなかを
血尿の河が流れる

私はながい孤独の雪崩の後に
疲労の鏡を眺めて
顔面に短剣で微笑を鏤める

★

蛹　それは成立である

蝶　それは発見である

★

火薬のごとき沈黙があつた

私の唇は砕けた
そして背後に打ち倒された私の頭は
襤褸屑になつた手たちを眺めた

足はいつまでも立つてゐた
打ち込まれた斧のごとく

★

家のなかの見えない岩石
私は衝突する
私は傷つく
私は覆へされる

家のなかの見えない岩石
ただそれが巨大であることだけを
私は知つてゐる

襤褸

悲しい叫びが起つた
仰天して窓は地上に砕けた
頭髪を乱した洋燈が街路を駆けてゐた

私の喉に
泥沼のごとく狼の咬傷は開いた
そこから赤い夜は始まつた

私の眼は地上に落ちた
それは孤独の星であつた
私はもはや石炭の中に私を探さない
私はもはや私に出遇はない
私の行くところ
到るところ襤褸は立ち上がる

★

かつて唇に庭園はあつた
かつて石に涙の秩序はあつた
笑ひは空井戸の底に
倦怠は屋根にあつた
呼吸しない広場で
風の歌が吃つてゐた
私のゐるとき
それはいつでも夜であつた
睡眠は壁の中に
星は卓子の上にゐた

襤褸

絶望の大伽藍
死者の口のごとく
その錬瓦の経典は開かない

毒を飲むだ風景の中に
風のポンプは咽び泣き
血液のごとき時間の中に
私は錆びてゐる

*

私の脊骨の中に巨大な樹木は倒れた
私の創痕の軌道の上を
洋燈はその旅行を続けてゐる

＊

空虚の家
そのすべての窓は書物である
そのすべての扉は書物である

空虚の家
その屋根の上に
リカントゥロオプの主人は住むでゐる

＊

私の唇の焔は消えた
それは死せる火山である
いつかこの沈黙は卓子を覆へすであらう

襤褸

死よりも死せるもの鉛
この不思議な物質の孤独の中を
絶望することのできない時計
この厭世の哲学者は歩いてゐる

悲哀は再び椅子に坐つた

私は書物を開いた
その書物は重かつた
その書物の中に沈黙の女は傷ついてゐた

★

笑ひが亀裂させた私の顔
この恐ろしい孤独の廃墟を
タングステンの鳥は飛ぶ

鳥の光は傷だらけの唇を照らし
車刑の痕跡のある毛髪を照らし
野獣の通路である眼を照らした
今風が私の内臓を診察するとき
私は穴倉のごとく荒い息を吐く

★

真夜中水は笑つた
コップは砕けた
私は醒めた
私は振子をはづした
其処に私を
逆まに吊した

★

朝私は起き上る

寝床に嵐の痕跡を残して
鏡の中に私の影像は縊死してゐる

★

嵐の止むだ真夜中
耳を頭の中に突き入れて
私は聴いてゐた
私の肉体の内部で
すべての筋が切れてゆくのを

★

巨大な悲哀は窓にとまつた
卓子の上に
生は烈しく匂つた

夏の通信

大阪にて

ペンを握つてゐるものはまさに悪夢だ。といふデュキャスの言葉を思ひ出しました。

檻褸

扉を釘づけられた顔がある
壁は泥の牢獄の記憶に苦しみ
千年の雨に鏡は盲ひてゐる
老ひたる家具は疥癬に悩み
沈黙は捕鼠器の中に身悶えてゐる
絶望のすべての抽出は開かれ
私の影は孤独の狼である

私はゐない

*

嵐の来たる前
私は空から毒を飲む
私の腕を破つて
野獣は平原に逃れる

*

真昼神は樹木の中にある
夕暮風は
この生物の不思議な射精を見るだらう

*

鳥は私の頭を射抜いた
空のない鳥
それは石であつた
私は生から腕を抜いた
私を抱くために

ポオル・エリュアール

Il ne faut pas voir la réalité telle que Je suis.　P. E.

かつてリリスムが、このやうな不思議なイマジュの国を彷徨したことはなかつた。かつて精神の昂騰する樹液が、このやうな美しい可塑性のなかに捕へられたことはなかつた。

エリュアールの詩、それは盲目者の網膜から聾唖者の鼓膜への、知覚の神秘な旅であり、「見えざるもの」と「見えるもの」との微妙な交感であり、また「睡眠の世界」と「覚醒の世界」の暗黙のサンテエズである。「第二の自然」と彼が呼ぶのは、この世界に外ならない。ここでは言語はその思考から解放されて、その独特の機能と自動性を獲得する。ここでは如何なる彩色ある夢も、白熱する影像と抽象のまへに、その権利を主張することはできぬ。かくのごときエリュアールの世界を、ルネ・シヤアルは次のごとく註解する。「エリュアールの高度に於いては、見えない雲は見える河となる」と。

Ⅱ

翻訳集

DÉCOUVERTE DES PATTES DU SPHINX en1926

ジャン・コクトオ

ひとつの切断されてゐる女の手が　ひとつの切断された女の手が　ハアトのない一組の骨牌を羽毛のやうに裏返す　ひとつの男の手が骨牌を切つた　ひとつの女の手が永遠の運算の順位を変へる

　スフィンクスの脚が発見されました　スフィンクスは偽瞞しました噫　最早欺かれた人間は数へられない　藁で包まれた王藁で包まれたそして金色の王金色の崇拝された王で充ちた地下の不動の財宝がそのことに就て証言してゐる

　実に警察署の分離せる聡明と考古学者等は賞賛に価する　けれども如何なる人名簿が此の恐しい死の企画のなかのナイルの手と戯れたか人は余りに忘却する

　毎日ひとつの新しい策略が吾吾に瞭然としてゐる（驢馬の十字架　巨像の顛髭）

　数世紀以来埃及《〔エジプト〕》が美の偽善者の仮面の下に彼の犯罪を罰せられずに犯すことのみを妨害せよ

J’RAI VEUX-TU

バンジヤマン・ペレエ

それは大きな家であつた
その上に火の潜水夫が泳いでゐた

それは大きな家であつた
将校帽と金色の兜で囲まれた

それは大きな家であつた
沼地の真中に突立つた

それは大きな家であつた
その家の主人は麦藁であつた
その家の主人は山毛欅であつた
その家の主人は文字であつた
その家の主人は髭であつた
その家の主人は薔薇であつた
その家の主人は溜息であつた

その家の主人は曲線疾走であつた
その家の主人は吸血鬼であつた
その家の主人は恐水病の牡牛であつた
その家の主人は洞声であつた
その家の主人は颶風であつた
その家の主人は転覆した小船であつた
その家の主人は臀部であつた
その家の主人はカルマニヨオルであつた
その家の主人は変死であつた

その大きな家は何処にあるのか言つて御覧　言つて御覧

「註」カルマニヨオルとはルイ十六世頃に流行した革命歌である

par Fujiwara

ポオル・エリュアル詩抄

JOUEUR　賭博者

ルイ・アラゴンに

僕は先づ僕の手を曲げる　僕は反射する　僕は君に僕の手を与へる
僕は反射する　僕は君に燃えるであらうところのひとつの宝を与へる
そして僕はそれを燃えしめる　僕等が愛し合つてゐるのは確かなことだ
僕はそのことに関して何等の懸念をもたない　僕は反射する

UNIQUE　無二の

彼女は肉体の静謐のなかに
眼球の色彩をした小さい雪の球をもつてゐる
彼女は肩の上に

彼女の光輪の覆　沈黙の汚点　薔薇の汚点を
　所有する
彼女の手と柔軟なる弓とそして歌手とは
　光線を粉砕する

彼女は眠ることなく瞬秒を歌ふ

A COTE

側に

異常に長い夜そして異常に白い路
洋燈よ　私は光よりもずつと君の近くにゐる
　ひとつの蝶　習慣の小鳥
私の善良な諧謔の疲労の
　砕かれた車輪は
　　時計の扇に
空虚な合図と合図を置く

LESQUELS
どちら

彼が気むづかしくないあひだに
そして彼女が快活なあひだに
さあ私達は着物を着よう　着物をぬがう

PARFAIT
完全

緻密な砂の奇蹟は
樹葉等花等を貫通して
果実のなかに花開く
そして影等を盛り上げる

最後にすべては分離する
すべては変形ししかして喪失する
すべては粉砕ししかして消滅する
結末のない死

終ひに
光は最早その性質をもつてゐない
健啖の通風器　暑熱の星
彼女は色彩を抛棄する
彼女は顔を抛棄する

沈黙の盲目者
到るところ彼女は等しくそして空虚である

PETIT JUSTES
美しき正当等

2

何故私はかくも美しいのであるか
わがメエトルは私を洗へり

3

汝の瞳によつて私は恰も光によれるごとく変ずる
そして私は交互に鉛であり羽毛である
汝を包含する黒いそして神秘の水
或は汝の毛髪のなかの汝の軽妙なる勝利

10

未知なるもの　彼女は私の好ましい形体であつた
彼女は人間として存在する懸念を私から除外した
そして私は彼女を見る私は彼女を失ふそして私は
冷たい水のなかの僅少の太陽のごとく私の悲哀を耐へる

SECONDE NATURE
第二の自然

森林の燃える眼等
未知の仮面　椿事の蝶

背理の牢獄のなかの
心臓の金剛石
罪の頸環

威嚇は怒つて歯をば現はし
微笑をば嚙む
そして風から羽毛等を
逃亡から死せる樹葉等をば引抜く

汚物で覆はれた飢渇は
小麦の幻想を絞めつける
襤褸に化した恐怖は壁等を貫通し
青ざめた平原等は寒冷の身振りをなす

只ひとり苦悩のみは燃える

★

鉛の罪にもあらず
羽毛の正義にもあらず

愛の生ける女にもあらず
欲望の死せる女にもあらず

彼女は静謐な無関心の女である
彼女は安易であることを誇る
そして歪められた顔等は彼女を動かす他の者等
彼等の眼等のなかにある

彼女はひとりで存在することは出来ない
彼女は忘却の王冠をつけてゐる
そして彼女の美は何人も存在しないために
必要な時間を覆ふ
彼女は到る所無用な単調な歌
彼女の顔の形体を
顫へる声で歌ひつつゆくのである

★

理由なきすべての涙等
汝の鏡のなかの一夜

天井の板敷の生命よ
汝は地と汝の頭を疑惑する
外部にすべては死んでゐる
然しながらすべては外部にある
汝は此処から生命とそして
惨めな空間の生命に依つて生きるだらう
何人が汝の身振りに対して答へるであらうか
何人が不可解な壁の上の
汝の言語を批難するであらうか

そして扨て何人が汝の顔に就て考へるであらうか

PORTE OUVERTE
開かれた扉

ポオル・エリュアル

生はとても可憐である
私の方へおいで　若しも私が君の方に行くならばそれは遊戯である
花束の天使達　その花達は色彩を変へる

非　主義超現実主義者達に与ふ

AUX SURRÉALISTE NON COMMUNISTES

アンドレ・ブルトン　バンジャマン・ペレ
ルイ・アラゴン　ポォル・エリュアル
ピエル・ユニック

親愛なる友人達

我々と諸〔と〕もに、諸君達は次のやうな意見であつた。即ち超現実主義は存在するためにヘーゲル弁証法をかれのものにすることを決して止めなかつたと、そして超現実主義がその発展のなかで、現実社会の進歩が惹起するところの種々なる矛盾の帰結を未だ使ひ古されてゐない方法に依つて試みてゐた場合には、超現実主義は「革命」なる観念のなかにしか此等の矛盾の帰結を見出さなかつたのであると。我々が互ひに超現実主義の歴史的解決をマルクス主義のなかに考察すべく導かれたのはヘーゲル弁証法から出発してである。マルクス主義とその結論との考察は我々をひとつの決定された組織の面前に置いた。そして革命は実現の具体的事実としてしか考へることが出来ないものであり、すべての革命意志はこの具体的事実に役立つべきであるが、革命草案上、超現実主義者はこの組織に対して対応すべき何等の組織をも持つてゐなかつた。かくの如き状態に於て、超現実主義は不当にも史的唯物論に対して絶対的観念論を対立させること及び、この問題に関して個人に充当された役割を考量して、絶対的非コンフォルミスムと或る相対的コンフォルミスムの見界《みさかい》を万事を賭し和解させることを認容する明白なる誤謬に対して、死刑を科して制裁を加へないわけにはいかないことを我々は認めた。かくして超現実主義の活動力の奔放を許すことなく、超現実主義者の共産党《パルティコンミユニスト》(P.C.)への加盟の方針が設定された。そしてこの方針は超現実主義の観念の展開の論理的継続と唯一のイデオロジイ的擁護に見えるものであつた。

然しながら諸君は、この共産党への加盟を除外して、超現実主義が彼自身に満足してゐなかつたものとしても、少なくともこの加盟はいま尚留保され得たものであつたとの考へを継続してゐた。然るに諸君は何らの質疑を提出しなかつた。諸君の各人は寧ろ若干の疑問の解決をその儘にしておいた。諸君は他日、結局諸君に対して威脅の手段としての任務を果す驚異への召換、詩の解決に対して与へられた優越性が、此等の我々の弁証が死せる文字であるところのすべての者達と共に、我々に対して諸君に無意識に連帯責任を負はせないことに確信があるだらうか。我々は諸君を批難することは出来ないだらう。だが諸君は眼を閉じてひとつの点線を画いた。そして諸君にとつて星形の点は不可避のものであつた。社会のすべての方法は、只だ諸君に激しい奇蹟の代りに受認し難い現実性を認めしめるために諸君の眼を開かすべく余儀なくさせることしか出来なかつた。眼を閉じた諸君は一歩も前進してゐなかつた（註

1)。明白なる検証。諸君側から諸君は多分我々に我々の行為の弁明を要求せんとしてゐる。然し何の益があるか？ 我々は我々を弁明すべき説明を持たない。生は我々に説明しないのである。その上すべては何時までも埒《ラチ》があかないのではないのか？ 世界に、世界の側に、また常に世界の外に、我々は多かれ少なかれ厳格に我々でなかつたところのものになつてゐる。骨折り甲斐のないことはいま尚大変興味がある！ 我々の行為は、硝子のない窓の如く、夢と裏切りの愛と裏切りの他の形体への大なる一瞥をもつて、無責任に相対する。だが馬鹿らしさなくしては当て外れを熟視出来ない領域がある。我々が諸君なくして行動せんとしたのはこの領域である。人が愛や夢のなかに形成することの出来るこの種の希望は、我々を其処に維持しなかつた。然しながら恐らく、諸君は我々以上に、ロオトレアモン、ラムボオが真の戦闘的な革命家であつたとして考へらるべきであると信じてゐた。こんなことが無用であり重要でないのは云ふまでもなく明らかである（註2）。革命は流転する倫理に属する。個人の関心はそれを支配することは出来ないだらう。そして個人がそれに彼等自身を犠牲にするところのものは毫も予想を許さない。すべてが諸君を個人主義者として決定してゐた時でさへも決して諸君は無政府主義《アナルシズム》の理想には拠つてゐなかつた。そのやうなことが今日諸君にとつてどうしてあり得やうか。先きの聖金曜日の夜、「基督及び地上に於ける彼の代表者達」なる講演に出席した我々の中の或者達は、無政府主義者聯盟の依頼によるものとして、抗弁を携へて来たところの僧院長《アベ》が演壇に上るのを、彼等の憤激を爆発させることなくして見ることは出来なかつた。自由討論主義を承認する今日の無政府主義者《アナルシスト》達はそれに依つて彼等の思想のプラトニックな特質を充分に示してゐる（註3）。彼等以外の他の者達は、疑ひもなくかくの如き場合の我々の態度はブゥルジォワ反教権拡張主義《アンチクレリカリスム》に属するものと見なすであらう。この態度が一九二七年頃仏蘭西に存在理由をもつてゐる方法論的そして合理的非有神論《アンチテイスム》に依つて暗示されてゐることは明白である。今日では、例へ諸君が共産主義者の行動の効力性ではなく、立場尽きてこの行動に従ふある人間の態度の効力性を考へることが出来るとしても、何物も、独立の趣味も、英雄主義の趣味も、法律に対する不敬（例へば非常な美しさのなかでの戦時に於ける脱走）も諸君を再びアナルシイの方向に放たないのである。

いま尚諸君の生命に対して一種の純粋なる抗議なる観念を与へ得ると信じてゐる諸君と、この抗議をより遠くに移牒し得ると我々が信じる外的要素に我々の生命を従はすべく決心した我々とのあひだには、然しながら其処には障害物はないのである。真実、諸君は抗議なきところにその抗議の一つだに見得ないであらう。

我々のために、存在の相関性の意義を衛らう。

註1　親愛なるジャンジャンバックよ、君ひとりを除いて。

註2　革命に、教父を詮索することはスコラスティックなひとつの古い習慣である。興味ある著者の関心を違った方法に依つて再現してゐる最近の小冊子（*Prétexte à la fondation d'un organe de révolte*）の著者（エドゥアール・カズィアッド）がエディングトン教授、マルセル・プルウスト、絵画、ベルグソン、その他に、久しく煩はされてゐるのを人は見ないか。今日は彼等、そして明日は他の者達。仕方がないのである。

註3　無政府主義者《アナルシスト》にとつては司祭の云ふことを聞かないのは汚行であるだらう。ところが我々にとつては司祭の云ふことを聞くのが汚行であるだらう。

農夫の夢想（fragment）

ルイ・アラゴン

人間が目ざすものはポエジイである。

特殊なる認識以外に認識はない。

具体物以外にポエジイはない。

狂気《フオリイ》は具体性及びポエジイに比較して抽象と普遍の優越性である。

狂人とは理性を失つた人間ではない。　狂人とは理性以外の総てを失つた人間である。（チェスタアトン）

狂気《フオリイ》はひとつの立証に過ぎない。理性的なるもの、現実的なるものの如く。それはひとつの現実であり、理性である。

僕は科学的活動力を発見した。少し狂気染みた、然し人間的には防禦さるべき。

論理の慰安。民衆にはひとつの論理が必要だ。と言ふやうな人間は決してゐなかつた。こんなことは僕には関係がない。こんなことは相変らず続くだらうが。

僕の関するところは形而上学だ。狂気ではない。亦理性でもない。

理性を持つといふことは僕には少しも重要でない。僕は具体性を求める。それ故僕は語るのだ。僕は言語の状態、または表現の状態を論議するのを許さない。具体性はポエジイ以外の表現をもたない。僕はポエジイの状態を論議するのを許さない。

批評家と呼ばれる一種の迫害的被迫害者（persécuté-persécuteur）がゐる。

僕は批評を認容しない。

僕が僕の生命を与へたのは批評に対してではない。僕の生命はポエジイに対して捧げられてゐる。嘲笑者よ、僕がひとつの詩的生活を営むといふことを承服し給へ。

ひとつの詩的生活、この表現を穿鑿して見給へ。御願だから。

僕は僕の言語を捕へたり、また僕にそれを立てつけたりすることを許さない。それらは平和条約の条文ではないのだ。諸君と僕のあひだ、それは戦争だ。

一九二五年フィガロ紙は、その文芸付録のなかで、韻文に於ては無声のeは略す（élider）べきや否や、亦韻文の脚韻《リイム》は交互にすべきや否やを尋ねた。諸君は、僕の思惟に関して諸君を熟知してゐる如く以外には決して行動しないだらう。だから諸君の判断で僕の生を判断して見給へ。

僕の生、それは最早僕に属してゐない。

僕はそのことをとつくに言つた。

僕は舞台には登場しない。然し単数第一人称は僕のために人間のすべての具体性を表明する。すべての形而上学は単数第一人称にある。すべてのポエジイも亦。

第二人称それはやはり第一人称である。

王様のゐない今日、Nous Voupons（我々は欲する）と言ふのは学者達である。律儀な人達。

彼等は複数に言及することを信じる。彼等は彼等の蝮蛇を識らない。

僕は錯乱してはゐない。僕は自己を制禦してゐる。恒に本質的なるものよりも或る馬鹿らしさが眼を風景のなかに止めるものだ。僕の見界《みさかい》は美しい発見をもつてゐる。

勿論、僕は批評を許さない。

僕は天にゐる。誰も僕が天にゐるのを妨害することは出来ない。

彼等は天を他所に置いた。彼等は星を想像しながら僕の眼を忘却した。

精神《エスプリ》にとつて地獄とは一体何であるか。

僕がもつてゐた種々なる希望のなかで、最も執拗なるもの、それは絶望であつた。地獄、ねえ諸君、僕の倫理は楽観主義に縛られてはゐないのだ。僕は決して慰安を理解しなかつた。

天は僕を援助しないだらう。

彼等が慰藉的倫理を必要とするといふことは全く滑稽である。

花もなく、王冠もない。

此方《こつち》に乱費者、彼方《あつち》に守銭奴、彼等は彼等の生を高利でしか提供しない。彼等は彼等の死のなかに自己を再び見出すことを欲してゐる。

彼等はポエジイよりも天国を好む。

趣味の問題。

形而上学に於てさへも、ポエジイは彼の人間を養はなかつた、と考へられてゐた。

感情的であるといふことは何であるか。

すべての感情的なものを棄て給へ。

感情は言語の問題、あらゆる種類の詐欺犯人ではない。慮情の外に世界を凝視し給へ。何たる快晴。

現実とは矛盾の明白なる欠乏である。

不可思議、それは現実のなかに現はれる矛盾である。

愛とは、現実と不可思議の混乱の状態である。この状態に於ては、存在の矛盾は存在に真に本質的なるものとして現はれる。

不可思議が権利を失ふ処に抽象が始まる。

架空的物語、瞑土、夢、生存、天国、地獄、ポエジイ、具体性を意味するためのこれらの各言葉。

具体物以外に愛はない。

ところで彼等は書くことを希望する以上、彼等には書くべく愛の形而上学が残される。

唯名論《ノミナリズム》に対する或る種の駁論に答へるためには、睡眠の最初に起るものを人達をして気付かしむべく強ひることだ。その時人間は如何に独語するか、また如何なる知覚しがたい漸進性に依つて、出現し現実化する彼の言語に捕へられるか、そして竟《しま》ひにこの言語が具体的価値に到達した時、此処に所謂ゆる夢見る睡眠者があるのだ。

具体性、それは表現することは出来ない。よし地球が円形であるかどうかを知つたところで僕にはどうにも仕様がないのだ。

思惟に関してはある高貴なスタイルがある。

それは心理学者が否定するところのものである。

心理学者或は霊魂のアマトゥールは感情の助手である。私は彼等の数人を識つてゐた。

人相見（physionomiste）といふ言葉の発明者。

世界の最上の理性として神を語る者達。

神は稀に僕の口のなかにゐる。

精神のなかに能力を弁別する者達。

真理に就て語る者達。（僕は真理を語るために余り嘘言を好まない。）

諸君余りに遅過ぎたよ。何故なら人称は最早地上の彼等の時間を果してしまつた。

その極限にまで、人称破壊の観念を押し進め給へ、そしてこの観念の彼方を行けよ。

dada 宣言
—— fragment

トリスタン・ツアラ

人は常に過失を犯した。然し最も大なる過失は人が書いた詩である。饒舌は唯だひとつの存在理由をもつ。それは人を若返らせ且つまた聖書の伝統を維持する。饒舌は改良される軍営所の経理に依つて、煙草の官営に依つて、鉄道会社に依つて、病院に依つて、葬儀請負に依つて、織物工場に依つて、鼓舞される。饒舌は家庭の教養に依つて鼓舞される。饒舌は羅馬法王への献金に依つて鼓舞される。会話から逃亡する各唾液の滴りは黄金に変化する。人は神の方則である三つの主要な方則、食べる、恋する、放尿する、を守るために常に神性を必要とし、又王様《ロワ》は旅行中であり、法令《ロワ》は苛酷であるので、目下支払ふべきものは饒舌のみである。この饒舌が暫々《しばしば》自己を示顕する形態はDADAである。

×

ポエジイは必要であるか。僕はポエジイに対して大声で叫んでゐる者達が、それを知らないでポエジイに或る心地良い完成を切望し準備してゐることを知つてゐる。彼等はそれを衛生学的未来と呼んでゐる。

人は常に真近に芸術の絶滅を凝視してゐるものである。此処に於て人はより芸術である芸術を切望してゐる。衛生は純粋になる僕の神よ僕の神よ。

最早言語を信頼してはならないのか。何時から彼等は言語を表白する機関が思惟し欲するところのものの反対を表白するやうになつたのか。

最大の秘密は其処にある。即ち、

思惟は口のなかでつくられる。

×

先験的に、換言すれば眼を閉ざした儘で、DADA は疑惑をあらゆる行為の前に且つすべてのものの上に置く。DADA はすべてを疑惑する。DADA は犰狳《[アルマジロ]》である。すべては DADA である。DADA を軽蔑し給へ。

×

アンティダダイスムはひとつの病気、自己窃盗病《セルフクレプトマニ》である。人間の正規の状態は DADA である。然し真の dada は DADA に反対する。

×

dada の詩を書くために

新聞を手にとり給へ。

鋏を手にとり給へ。

その新聞のなかから諸君が書かんとする詩の長さをもつた記事を選択し給へ。

記事を切り抜き給へ。

次に注意深くこの記事を形成してゐる各言葉を切り抜き給へ。そしてそれらを袋の中に入れ給へ。

緩漫に袋を揺り動かし給へ。

それからその切り抜きが袋から出てくる順序にそれらを引き出し給へ。

忠実にそれを写し給へ。

詩は諸君に似るだらう。

そして諸君は実に独創的なそして俗物には理解されないが実に魅惑的なサンスイビィリテをもつた作家になるのである。

×

DADA は犬である――コンパスである――嫌悪すべき粘土である――新しくもなく亦裸の日本の女でもない――球形感情の瓦斯タンクである――DADA は野獣的であるそして宣伝しない――DADA は容易に

透明的且旋廻的変形をなせる生の一分量である。

×

DADA は一個の処女菌である
DADA は高価な生に反対する
DADA
思想営業無名会社
DADA は大統領の性に応じて種々なる色彩と 391 の態度をもつ
DADA は変形する——肯定する——同時に反対のことを言ふ——勿体振らない——叫ぶ——魚釣りをする。
DADA は重要にして急激な変化のカメレオンである
DADA は未来に反対する。DADA は死である。
DADA は白痴である。DADA 万歳。DADA は文学上の流派ではない。
DADA は怒号する。

×

鼻眼鏡のなかで生を化粧すること——愛撫の夜具——蝶のある武器飾

——それらは生の小間使の生活である。

剃刀と交尾期の蚤の上に寝ること——気圧計のなかを旅行すること——弾薬筒の如く放尿すること——へまをやること、白痴であること、神聖な瞬間に灌水浴をすること——打ち負かされること、常に最後にゐること——他人の言ふことに反対を叫ぶこと——僕達のなかで肥汲人と共に毎日沐浴する神の浴室であり編輯室であること——それらはダダイストの生活である。

聡明であること——すべての人間を尊敬すること——戦場で死ぬこと——借金の申込に応じること——某々のために投票すること——自然及び絵画に対する尊敬——dada の宣言に対して喚き立てること——それらは人間の生活である。

宇宙・孤独

ポオル・エリュアル

1

毎夜ひとりの女は
秘密な旅をする

2

倦怠の村落
其処では娘達は噴水の如く
露はな腕をもつてゐる
青春は彼女達のなかで成長する
そして爪尖《つまさ》きで立つて笑ふ
倦怠の村落
其処ではすべてのものは等しい

3

昆虫等は此処に這入つてくる
火の霞降る影
全く錆びた焔は
睡眠に泥を跳ねかける
彼の肉の寝台と彼の節操

4

山と海そして美しい水浴女
貧者等の家のなかの
彼等に木蔭の代りをする寝台の色褪せた天蓋の上に
陰鬱な千の洋燈は身を潜める

反射の広場は涙を結合し
眼を閉ぢる
すべては充たされてゐる

映像の後に続いて

光の塊は他の夢に向って転んでゆく

5

肉体と世俗の栄誉
翼の如く柔かい角の
信じ難い陰謀
——だが私を愛撫する手
その手を開くのは私の笑ひである
その手を把持しその手を止めるのは
私の喉である
発見と驚愕との
信じ難い共謀

6

汝の裸体の幻
幻　汝の単純さの子供

幼児馴養者　想像された自由の
肉欲的の睡眠

7

透明な水の羽毛　毀はれ易い雨
愛撫と眼差しと言葉で
覆はれた涼気
愛は私の愛するものを覆ふ

8

磁器の歌が拍手する
それから粉砕し哀願しそして死ぬ
汝は哀れな裸体の彼女を思ひだすだらう
狼達の朝彼等の咬傷は隧道である
其処から汝は血の着物を着て出てくる
夜で赤くするべく
如何に多くの再び見出さるべき生者がゐることよ
如何に多くの消さるべき洋燈があることよ

私は汝を Visuelle と呼ぶだらう
そして汝の映像を倍加するだらう

9

硝子の額をもつた彷徨へる女
彼女の心臓は黒色の星のなかに記名されてゐる
彼女の眼は彼女の頭を示し
彼女の眼は夏の涼気であり
冬の熱である
彼女の眼は眼細工をされてゐるそして大声で笑ふ
彼女の賭博者の眼は光の分け前をかち得る

10

晴天　私は覆はれてゐる
恰も日のなかから出るための如く
嫉妬の
凶悪なる徽の下の怒

非常に巧妙なる不正

この曇天を逃亡せしめよ
その硝子を粉砕せよ
それらを石に食物として与へよ

この不純にして重い
曖昧なる曇天

11

彼女の接吻と彼女の恐怖をひきちぎつて
夜彼女は醒める
夜を充たしてゐたすべてのものを驚かすために

12

これらの枝の波止場で
航海者は繁栄しない
爆鳴と火の反響で打ち倒された頬

露はな脚の波止場で
肉体を聾の影のなかに突き入れて
誘惑の足跡は消滅した

河等は水の国にしか注がない
海は閑暇の空の下で瓦解した
坐つてゐる汝は私に随行することを拒絶する
汝は何を賭さんとするのか　愛は悲哀を笑はせ
屋根の上に世界の無能を叫ばしめる

孤独は汝の動かない喉に対して新しい
私は汝の手等を眺めた　それらは相似である
そして汝はそれらを交叉させることが出来る
汝は汝自身にすがりつくことが出来る

それで良いのだ——汝は唯一のものであり私は孤独であるから

13

王冠を奪はれた牢獄

空の真中の
燃える窓
其処で雷は彼の胸を見せる
全く緑の夜
何ものもこの孤独のなかでは微笑しない
此処では火は私を横ぎつて
立つた儘で眠る

だがこの不吉は無益だ
私は微笑することが出来る
虚妄の頭
その死は欲望を乾燥させやうとはしない
常に防衛する絶対に自由な頭
そしてその眼とその微笑

よし私が今日生きてゐるとしても
よし私が孤独でないとしても
よし誰かが窓のところにくるとしても
またよし私がこの窓であるとしても
よし誰かがくるとしても

これらの新しい眼は私を見ない
私が何を考へてゐるかを知らない
私の共謀者になることを拒絶する
そして愛するために離れる

14

死の権利の明るみに於ける
無邪気な顔をした逃亡
流れる枝をもつた濃霧に沿つて
動かない星に沿つて
蜉蝣が支配する
時　蠟の路の上を
転ぶ象牙の羊毛

15

私の脊後に私の眼は閉ざされた

光は燃やされ夜は馘首された
風よりも巨大な鳥は
最早何処にとまるかを知らない

弱い苦痛のなかに笑の皺のなかに
私は最早私の相似者を探さない
生は疲労した　私の映像は聾である
人間のすべての拒絶は彼等の最後の言葉を言った
彼等は最早出会ない　彼等は自己を知らない
私は孤独である　私は孤独全き孤独である
私は決して変化させない

今日風の格言

ポオル・エリュアル
バンジヤマン・ペレ

洪水の前に、脳髄の武装を解け。
真珠を見出した牡蠣のごとく。
羅馬法皇と寝るものは長い足が必要だ。
緑の竈に青い駱駝。
穴蔵のなかに手医を置くな。
卵が卵を砕くとき、それは彼がオムレットを好まないからだ。
なにものも大樹林のなかでは泳がない。
迷宮は犬のために造られてゐない。

司祭はいつも恐れてゐる。

履物のなかに落ちるのは手袋である。

太陽は何人のためにも輝かない。

フリュートのなかの三個の海棗《ナツメジュロ》

動物を縫ふてはならぬ。

神は珊瑚を宥め給ふ。

橈骨を壁の方に向ける。

動くものは無くなる。

冷肉は火を消さない。

単眼鏡《モノクル》で眼球を捕へろ。

沈黙は母を泣かせる。

毛を剥ぐ皮は天国へ行く。

女王のゐない欲望はない。

爪を種蒔くものは束藁《タワシ》を収穫する。

大いさは策略のなかでは成立しない

だが間違ひのなかで。

食器棚のなかにはいつでも骸骨がゐる。

共犯者は増加する。

樹の葉は風に先立つ。

水の中で快活に鏡の中で蒼白に。

馬に風車をつけよ、彼は Chatou へ行くだらう。

若しもひとつしか残つてゐないならそれは雷だ。
ひとりの黒奴が君の側を歩く、そして君から道を見えなくする。
喋つている子供は泣かない。
指輪に応じて君の指を切れ。
おまへの口中にはいつも真珠がある。
悪魔には天使のみを投げ与へよ。
君はすつかり読んだ、だが少しも飲まなかつた。
骨のない猫のやうな忠実。
台所から来たものはみんな中庭で大きくなる。
大きくするために雄鶏を焼く。

火曜日にヴィオロンを弾く。
皺のない毛髪はない。
白子は晴天をつくらない。
飛ぶもののすべてが薔薇ではない。
坐つた、出て行つた。
絞め殺された犬に閉ざされた扉。
鐘の耳のごとく聾。
結婚した青年は鼻をなくする。
殺すことは決して盗むことではない。
肥へる前に大きくあれ。

川は片目である。
善良な母に暑い煤。

ポオル・エリュアール

ルネ・シヤアル

Mais pour qui parles-tu puisque tu ne sais pas
Puisque tu ne veux pas savoir
Puisque tu ne sais plus
Par respect
Ce que parler veut dire

P. E.

我々が語るとき、我々が語らないとき、我々がある決意をもつてゐると言ふことを、忘却してはならない。

唯物的海の四面の仮想的抽象。即ち膝まで水に浸し、聡明でないこと。

椿事の中には常に間隙がある。

表現の中には椿事はない。

気候の主観性は詩人に均衡を失はせる。詩人は木ではない。

口と眼は同じ大陸の上に生活しない。彼等の源泉は対峙せる霊感より発し、彼等の水は種々なる色彩であり、彼等の変化する作用は類似の中にある。

不思議が制定であり支配であると思惟する者達に、不思議が体系であると思惟する者達は対立する。私は正確なる時の経過の中に、ポオル・エリュアールの或る詩を忘却すべく或は構成すべく与へる。死せる重量は動いた。然し子供達は大きくならなかつた。再び始むべき何物もない。

外部の傷ましい記憶、死の空気、然しながら其処には生の真事《〔まこと〕》がある。何処に富はあるか。何処に窮迫はあるか。竟ひに、「存在する《プレザン》」「存在する《プレザン》」と答へてゐた瀕死の声の如何なる足跡もない。

宇宙は条件的なるもの、相対的なるもの、例外的なるものを、絶対的なるものに変化させない。武勲の歌は、明察なき解釈者、言語の沈黙、静謐の美に喘ぐ者を要求する。狡獪なる罪は無償の儘である。造物主に対して、エリュアールは反抗者を指導した。

エリュアールの高度に於ては、見えない雲は見える河となる。それは石炭の成長のごとく単純である。詩人の完成と原始的人類は同時代にある。地球の環は「永眠の大なる世界」の中に通されてゐる。

開かれた眼は閉ざされた眼を眺め、虚無にまでこの不安な神秘を苦しまんと決意する。それは、愛が生ける間、自己の涙を自ら進むで苦しむごとくである。

愛は最大より最小に赴く。愛されたもの、周囲に行はれる万物の不完全な惨酷な運動の中に、最大の不幸のために、我々が、自然の中で最も価値のない地方で、我々の同一性の寛大な抛棄をなすことがあることは、否定し得ない。到るところ我々の際限なき野心と同時に、我々のモラルは不易のものであることを確認される。我々に提出される或る価値のすべての問題は、等値にして自発的な、そして明白に熟考された解決を示すべきであらう。

苦痛は支配した。僅かな大気現象がその火の足跡の中に、大洪水の時代の学識に等しい灰の書物を吹きあげ惹き入れる、反響する軋轢のこの夜の中に、この蝶の夜の中に、絹の最後の遊星の孵化をはやめるために、電光の聾の優しさは残つてゐる。

詩論

ロオトレアモン

私は勇気をもつて憂鬱に、確信をもつて疑惑に、希望をもつて絶望に、善良をもつて邪悪に、義務をもつて不平に、信仰をもつて懐疑に、沈着の冷静をもつて詭弁に、そして謙譲をもつて高慢に換へる。

［一八七〇年三《マ》月十二《マ》日の手紙］

現世紀の詩に関する呻き声はソフィスムに過ぎない。

第一原理は論争外にあるべき筈である。

私はユウリピッドとソフォークルを認める。然しエスシイルを認めない。

創造者に対して、最も初歩的な礼儀の欠除や、無鑑識を表明してはならない。

軽々しく信じることを排斥し給へ。さうすれば諸君は私を喜ばせるだらう。

詩には二つのジャンルしかない。そして詩は一つしかない。

作者と読者の間には、殆んど大つ平な約定がある。この約定に依つて前者は病人と自称し、後者を看護人として受容れる。人類を慰撫するものは詩人である！　役割が勝手に転倒されてゐる。

私は矯飾家と言ふ名称をもらつて貶されたくはない。

私は死後に名声を残さないだらう。

詩は嵐でもなければ、また旋風でもない。詩は荘重にして豊饒な河である。

夜を精神的に作り出すに到つたのは、夜を肉体的に受容れてからに過ぎない。「おおヤングの『夜』よ！」それは私に多くの偏頭痛を起こさせた。

人は眠る時しか夢見ない。物憂さで湿つた、腐敗物に等しいこの詩を、諸君の魂の中に染み込ませたのは、夢の言語、生の虚無、地上の通過、恐らく前置詞、不秩序の三脚の如き、言語である。言語から観念へ渡るには、只だ一歩あるのみである。

動揺、不安、堕落、死、物質的或は精神的秩序に於ける例外、否定の精神、愚鈍、意志的に用ひられた幻覚、苦悩、破壊、顚覆、涙、貪婪、服従、穿つ想像力、虚構、予期せざるもの、為すべからざること、死せる幻覚の腐肉を覗ふ神秘な禿鷹の化学的怪異、早熟な熟し損つた経験、南京虫の甲殻の暗黒、高慢の激しい偏執狂、深い昏睡の種痘、弔辞、羨望、裏切、暴虐、焦燥、峻烈性、挑闘的凌辱、精神錯乱、憂鬱病、合理的恐怖、読者が感じるのを嫌がる奇妙な不安、顰面、神経官能症、論理を窮地に赴かせる血腥い手順、誇張、真摯の欠除、鋸、俗悪、陰鬱、悼ましきもの、殺人よりも有害な出産、情欲、重罪裁判所の小説家の団体、悲劇、オード、メロドラマ、無窮に紹介された両極点、罰せられることなく誹難された理性、優柔不断な人間の臭気、無趣味、蛙、蛸、鮫、砂漠の熱風、離魂病であり、籔睨みであり、夜起きてゐるものであり、夢遊するものであり、粘気のあるものであり、口の利ける海豹であり、曖昧であり、胸を病み、痙攣症であり、催淫的であり、貧血症であり、片目であり、雌雄両性であり、私生児であり、白子であり、男色であり、水族館の現象であり、そして髭のある女であるところのもの、無言の失望を満腹せる時間、好奇心、厳しさ、怪物、風俗壊乱の三段論法、卑猥、子供の如く思考しないもの、壊滅、この知的大戟科有毒植物、薫れる下疳、椿の花のある股、虚無の傾斜を転び快活な叫びをもつて彼自身を軽蔑する一人の作家の有罪性、苛責、偽善、眼に見えない歯車仕掛の中に諸君を粉砕する漠然たるペルスペクテイーヴ、神聖な公理の上に吐きかけられた真面目な唾液、毒虫とその浸透するむづ痒さ、クロンウエルの序文や、『モォパン嬢』やデユーマ・フイスの序文の如き馬鹿げた序文、凋落期、陰萎、暴言、絶脈、窒息、恐水病――私が名付けることに赤面する此等の不潔な蔵骨所の前で、今は竟ひに、我々を激怒させ、かつ我々をひどく押し曲げるところのものに対して、抵抗する時である。

諸君の精神は永遠に怒りへ惹き入れられる、そして不手際な技倆で造られた暗黒の罠の中に、エゴイズムと自尊心に依つて驚かされる。

嗜好性は根本的特質である。それは他のすべての特質を要約してゐる。それは知性の「窮極」nec plus ultim である。天才が最高の健全性であり、すべての能力の均衡であるのは、只だそれに依つてのみである。ヴィルマンはユウジエヌ・スユーやフレデリック・スウリエよりも三十四倍も聡明である。彼のアカデミイの辞書の序文は、ウォルター・スコット、フエミナア・クウパアの小説や、その他考へ得るあらん限りの小説の死を預言してゐる。小説はひとつの誤れるジャンルである。[★1]何故ならそれはパッションをパッション自身の為に叙述する、換言すれば道徳上の結論が無いのである。パッションを叙述することは何でもないことである。それはちよつと金狼が、ちよつと禿鷹が、ちよつと豹が生まれることで充分である。我々はそんなことにはかかはらない。パッションをコオルネイユの如く、あるひとつの高い道徳性に従はせる為に叙述するのは別物である。この後者のことを為し得るもの達を感嘆し理解することが出来る一方、前者のことを為すのを差し控へる者は、悪徳に対する徳の優越性をもつて、前者のことを為す者に優越する。

只だそのことだけで中学高等科の最下級の先生が独語する。「若しも私に宇宙のすべての宝を呉れるなら、私はバルザックやアレクサンドル・デユーマの如き小説を作ることを欲しなかつたであらう。」只だそのことだけで、彼はアレクサンドル・デユーマやバルザックよりも聡明である。只だそのことだけで六年級の一人の生徒は、肉体的、精神的醜さを歌つてはならないことを悟る。只だそのことだけで、彼はヴイクトオル・ユウゴオよりも力があり、才能があり、聡明である。よし彼が小説や劇や文学しか作らなかつたとしても。

アレクサンドル・デユーマ・フイスは決して中学のために賞品授与演説をしないであらう。彼は倫理と言ふものがどんなものであるかを識らない。若しも彼が演説をするならば、先づもつて彼の馬鹿げた序文を手始めに、今まで彼が書いたもののすべてをほんの一筆で抹殺すべきであらう。信頼に足る陪審官を集め給へ。私は中学の最下級の善良な生徒が、何事に於ても、穢らはしい売春婦の問題に於てさへも、彼に優つてゐることを主張するから。

仏蘭西語の傑作は中学の賞品授与演説と、アカデミイの演説である。実際、青年教育は恐らく義務の最も美しい実際表現である。★2 そしてヴオルテエルの作品の正しい評価（この言葉を深く究め給へ）は、その作品自身よりも寧ろとるべきものである——言ふまでもなく！

若しも正義を保守してゐる教授団が、若いジエネレイションや古いジエネレイションを誠実と仕事の軌道内に止めなければ、小説や劇の優秀な作家達は有名な善の観念を漸次に変性させるであらう。

その意に反するが、人類自身の為に必要であるので、私は強性《ごうじょう》な意志と鉄の強靱さをもつて、泣上戸の人類の醜い過去を否定にやつて来る。

然り、私は現世紀の泥沼の詩を、その源泉に腐敗させてゐる甲状腺腫に罹つた悲哀と愚かな高慢を除去して、黄金の七絃琴の上に美を声言せんことを欲する。その存在動機をもつてゐない懐疑主義の酸つぱい詩を私は足で踏み潰すであらう。場所を誤つた憐憫の愚弄的不安の中で、検事総長の如く一瞬の躊躇もなく、運命の命ずる儘に、ひと度命令的で果断なエネルギイの開花期に入つた批判力は、それらの詩に有罪の宣告を与へる。化膿性の不眠と憂鬱性の悪夢に対して弛みなく警戒しなければならない。高慢と、そして思惟の正鵠をとり去る熄燈器《あかりけし》の如きアイロニイの卑むべき悦楽を、私は軽蔑し嫌悪する。

過度に聡明な若干の性格は(諸君はその不確かな鑑識眼を変説して次のことを取消す必要はない)理性を失つて悪の腕に飛び込むだ。それは美味(私はさうは思はない)であるが、『ロラ』の作者を精神的に殺ろしたアブサントである。健啖である者達に禍ひあれ！　あの英国貴族が成年に入るや否や、彼の竪琴はミソロンギの壁の下に砕けた。そして彼は途上に、人間を傷ましい絶滅に導く亜片を抱いてゐる花だけしか摘まなかつた。

平凡な才能の者達よりも偉大であるとは言へ、若しも彼の時代に、彼と同様に同じ程度に非常な才能を賦与され、そして彼の競争者として現はれることの出来る他の一人の詩人がゐたならば、彼は先づちぐはぐな罵詈を発表する努力の無用さと、排他的幸福のみが、我々の尊重が応ずるべく価ひすることを、すべての人の声で、宣言されるのを、告白したであらう。事実は彼に打ち勝つ何人もゐなかつたと言ふことである。奇妙なことだ！　その時代の集録や書物の頁を繰りながらも、如何なる批評家も前もつて厳格な三段論法を考察の中に置くことを考へなかつた。そして彼を越えるものは、彼を見出した者ではないだらう。それ程人は、不誠実な手で書かれた作品（然しそれは人間の卑陋性に属さない或る魂の崇高な発顕を啓示し、孤独でない心に関心をもたせる殆んど明瞭な二つの問題、即ち善と悪の問題のひとつの最後の結末の中に気楽に自己を見出してゐる）の前に、熟慮の後の感嘆よりは、寧ろ茫然自失と不安で充たされてゐた。ある方向にしろ、或ひは他の方向にしろ、その極点に近づくと言ふことは、誰でもが出来るのではない。このことは何故、人間性の四五の燈台の一つが絶えずその証明をしてゐる素晴らしい知性を、何らの底意もなく讃美しつつも、人々が、彼が故意にそれに依つて為した弁解することの出来ない応用と使用に対して、沈黙の中に非常に差し控へてゐるかを説明する。彼は悪魔の領域を徘徊する筈ではなかつたであらう。

　トロップマンの如き者達、ナポレオン一世[★3]の如き者達、パパヴオアンヌの如き者達、バイロンの如き者達、ヴイクトオル・ノワアルの如き者達やシヤルロツト・コルデエの如き者達の獰猛な反逆は、私の峻厳な視界の中に入れられるであらう。此等の種々な肩書きをもつた大犯罪者を、私は腕で遠ざける。誰が此処で偽はると、人は思ふのか。私は仲介者である緩漫さをもつてそれを質ねる。おお徒刑場のお馬！　石鹸の泡！　牛の盲腸で出来たからくり人形！　擦り切れた緒！　コンラッド達よ、マンフレッド達よ、ララ達よ、『海賊』★4に似た水夫達よ、メフィストフエレス達よ、ヴェルテル達よ、ドン・ジュアン達よ、ファウスト達よ、イヤゴオ達よ、ロダン達★5よ、カリギュラ達よ、カイン達よ、イリディヨン達よ、コロムバ流の毒婦達よ、アーリマアヌ達よ。マネス教の神達よ、ヒンドゥスタンの聖なる塔の中にその犠牲者の血を醗酵させてゐる脳漿の楽書よ。蛇よ。蟇よ。鰐よ。古代埃及《エジプト》で異状と考へられた神性よ。中世紀の魔法使と悪魔の力よ。プロメテ達よ。ジュピテルに依つて雷で撃たれた神話のティタン達よ。野蛮民族の原始的な想像力に依つて吐き出された邪悪の神々よ、――ボオル紙の悪魔の騒々しい群よ、近寄つて来い。私はそれらに打ち勝つ確信をもつて、それらを集中させる忿怒の重たい鞭を摑む。確〔し〕つかりと突立つて此等の怪物を待ち構へる。恰も予定された猛獣使の如く。

　ピセエトル（老人や狂人のための宏大な収容所のある村）を繁殖させる資格があるであらう賤しむべき作家、危なつかしい道化者、三文笑劇俳優、信頼のおけぬまやかし者、全くの狂人がゐる。一枚瓦を剥ぎとられた彼等のクレチン病に罹つた頭は、上るかはりに下りてくる厖大な幻影をつくる。きはどい練習、尤もらしい体操。この変梃な手品の玉どもよ隠れてしまふがいい。私が今日の如くには、以前に只だ一度でその下らない解決の隙間に気がつかなかつた平凡な禁じられた謎の捏造者達よ、どうか私の面前から退いて呉れ給へ。恐るべきエゴイズムの病理学の症例。これらの架空の自動人形達、それらが用をなさないことを知らしめる形容詞を、私の子供達よ、諸君は指で互ひにそれを示し給へ。

若しも彼等がプラスティックな現実下に、何処かに存在するならば、彼等の確認された然し狡猾である知性にも拘はらず、彼等は彼等の住むであらう遊星の恥辱であり憎悪であり、そして汚辱であらう。暫らく彼等を彼等に似るであらうもの達と、ひとつの群に集めて想像して見給へ。それは仏蘭西で禁止されてゐるブルドッグや鮫や大頭の抹香鯨《まつこうくじら》も夢見ないであらう争闘の中断されることなき継続である。それはヒドラと牛頭人身の怪物で充ちた混沌たる地帯の血の奔流である。其処から驚愕せる鳩が羽撃《はばた》きして永久に帰ることなく逃亡する。それは彼等が何を為してゐるかを知らないところの朦朧たる野獣の堆積である。それは、察知されないそして自らを制してゐる、何人も暗礁と浅瀬をその大凡《おおよ》そさへも測定し得ない、高慢の叫喚を横切つての、パッションと非和解性と野心の衝突である。

然し彼等は最早私を畏怖させないであらう。それに我慢が出来るとき、そしてそれ以上の何かが出来るとき、苦しむことは懦弱である。均衡のない華かさをもつて、苦悩を発散させることとは、苦悩を証明することとである。おお非道の瘴気立ちこもる海岸沼地の瀕死人達よ！　そんなに抵抗するな、そんなに勇気を出すな。私の声と私の真昼の荘重をもつて、輝ける希望よ、私は汝を私の広漠たる故郷に呼び戻す。私の傍に汝に適応する鎮静の三脚椅子の上に幻覚のマントに包まれて坐りに来い。蠍の紐のついた鞭で私は汝を廃物の家具の如く追ひ出した。若しも私がかつて後悔の徴しの中に、汝に与へた悲しみを汝が忘れて私の家に帰つて来るのを私が信じることを望むなら、神よ、汝と共に荘厳な行列――侮辱された徳とその不朽の矯正――を連れ戻れよ。私を支へて呉れ給へ、私は失神する。

私は苦痛をもつて、肺結核に罹つてゐる現代の動脈に最早数滴の血液しか残つてゐないことを認める。ジャン＝ジャック・ルッソオの如き者達の、シャトオブリアンの如き者達の、嬰児に対するヅボンをはいた乳母の『オーベルマン』の、目標点の保証なくして特許を与へられた厭はしい専門の泣真似から、汚れた泥土の中に溺れ込むでゐる他の詩人達を横ぎつて、ジャン＝ポオルの夢想、ドロレス・ヴアントミラの自殺、アランの『鴉』、ポルトガル人[★6]の『地獄篇』、ゾリラ[★7]の血を見ることの好きな眼と不死の癌、ホッテントットのヴィーナスの病的な愛人[★8]がかつて愛をもつてその髪を梳つた腐肉《シャロオニュ》、現世紀が欲した厭はしい単調の中に、現世紀が自ら見つけた真実らしくない苦悩、に至る迄のものがこの世紀を肺病に罹らせた。耐へ難い彼等の惰眠、の中に夢中になつてゐる幼虫の群！

　さあ、音楽だ。

然り、お人好しの人達よ、諸君に、善と悪との憂鬱な闘の中に、心から出ない涙を流して、排気鐘なくして到る処宇宙の空虚をつくるベルモットの唇で、懐疑の家鴨を火斗《じゅうのう》の上に載せて黄砂糖で焼くことを命じるのは、私である。諸君が最善を尽してなすべきはこのことである。

　絶望は決断をもつて彼の幻覚を喰べ、平気で文学者を神及び社会的方則の全体に於ける廃止に、論理的及び実際的邪悪に導く、一言にして言へば、人間の臀部をして理屈に優越せしめるのである。私がこんな言葉を使用するのを許して呉れ給へ。人は邪悪になつてゐる、私はそれを繰り返して言ふ、そして眼は死刑の宣告を受けた罪人の色調をしてゐる。私が提出することを私はひつこめないだらう。私は私の詩が十四歳の少女に読まれ得ることを欲する。

　真の苦悩は希望と両立し得ない。その苦悩がそれ程大であるためには、希望はそれよりも尚五十米も高く立ちあがる。だから詮索家と共に、私を静かにしておいて呉れ給へ。四足よ、斃れ、奇妙な牝犬よ、威張屋よ、矯飾家よ、斃れ。苦しむでゐるもの、我々を囲むでゐる神秘を解剖するものは希望しない。必然の真理を論じる詩はそれを論じない詩より美しくない。過度の不決断、誤つて用ひられた才能、時の損失、検証すべくそれ程容易なことは何物も無いであらう。

アダマストオルや、ジョスランや、ロカムボオルを歌ふのは子供らしいことである。それは作者が、彼の狡猾な主人公に託して、彼自身を暴露し、悪の描写を省くために善に凭りかかつてゐることを、読者が口に出さないことを望むからに過ぎない。フランクが否認したところの、そして我々がそれを支持せんと欲するのは、この如き徳性に対してである。

おお不治の病の辻芸人達よ！

彼等の精神と肉体の中に未知のものを見出す、恥ずるところなき、彼等の眼にとつてのみ素晴らしいこれらの憂鬱の探険者の如くなくてはならない！

憂鬱と悲哀は既に懐疑の始りである。そして懐疑は絶望の始りであり、絶望は邪悪の種々なる段階の残忍な始りである。このことを諸君が納得するためには、『世紀児の告白』を読み給へ。ひと度其処に入りこむや、この傾向は運命的である。人が邪悪に到達することは決定的である。この傾向を軽蔑し給へ。悪を根絶し給へ。それらが変形させる名詞を破廉恥に詳《〔いつ〕》はる次の如き形容詞、「言ひ表はせない《アンデスクリプティブル》」「述べ尽くせない《イネナラアブル》」「輝ける《リユテイヲン》」「比類のない《アンコムパラアブル》」「巨大な《コロツサル》」、その如き形容詞を尊敬することを愛し給ふな。それらは卑猥に依つて追はれてゐる。

アルフレッド・ドゥ・ミュッセの如く二流の才能は、ラマルティーヌやユウゴオの如き一流の才能に相応する能力より、遙かに劣つた彼等の能力の一つ二つを、ひねくれて過度にするものである。我々はまるで過労の機関車の脱線の前にゐるのである。そしてペンを握つてゐるものは悪夢である。魂と云ふものは二十もの能力で成立つてゐることを知り給へ。穢ない襤褸を着て、堂々たる帽子を被つてゐるこれらの乞食に就て私に話し給へ！

此処にユウゴオやラマルティーヌに対するミユツセの劣等性を認めるひとつの方法がある。若い女の前で、グウインプレインやデアの性格描写ではなく、また父ラスイーヌに依つて仏蘭西語の韻文に翻訳されたユウリピツドの『テラメエヌ』の物語ではなく、『ロラ』や『夜』やコブの『狂人』を読むで見給へ。彼女は戦慄し、眉を顰め、溺れる人間の如く定まつた目的もなく、手を上げ下げする。そして眼は蒼い光を投げるであらう。彼女に、ユウゴオの『万人のための祈』を読み聞かせて見給へ。効果は全然反対である。電気の種類は最早同一ではない。彼女は大声で笑ひ、もつと読むで呉れと要求する。

ユウゴオからは、多くの悪い点のある、子供に対する詩しか残らないであらう。

『ポオルとヴイルジニイ』は、我々の幸福に対する最も深い渇望に衝突する。かつて、黒絵具を溶かすこのエピソオドは、最初の頁から終の頁まで、殊に終末の失敗は私に歯噛みをさせた。私は敷物の上を転び、足で木馬を蹴つた。苦痛の描写が反対である。美しい半面のみを見させねばならないのである。若しもこの物語がひとつの伝記として物語られてゐたなら、私は攻撃しないであらう。それは直ちにその性質を変へる。不幸は、それを創造した神の不可知の意志に依つて荘厳となるものである。だが人間は彼の書物の中に不幸を創造してはならない。それはどうしても物の一面だけしか考へやうとしないことである。おお如何に狂的な叫喚で諸君はあることよ！

霊魂の不滅、神の慧智、生の大いさ、宇宙に顕現する秩序、肉体の美、家族愛、結婚、社会的制度を認めることを肯んじ給ふな。サンド、バルザック、アレクサンドル・デユーマ、ミユツセ、デユ・テライユ、フエヴアル、フロオベエル、ボオドレエル、ルコントと『鍛冶屋の同盟罷工』の如き不吉な作家を忘却し給へ。

読者には苦悩から釈放され、最早苦悩それ自体ではなくなつてゐるところの経験しか伝達してはならない。公衆の前で泣いてはならない。

文学上の美を死の内部にまでから引き抜くことを知らねばならない。然しこれらの美は死に属さないであらう。死とは此処では偶発原因に過ぎない。それは方法ではなく、それは死ではないところの目的である。

民族の栄光をつくるところの、そして懐疑が動揺させんとして空しい、恒久不変の真理は、久しい以前から始まつてゐる。それは手に触れてはならないものである。文学の中に新しさの口実の下に、無政府状態をつくらんと欲するものは誤りの中に落ちる。人は敢えて神を攻撃せんとはせず、霊魂の不滅を攻撃せんとする。然し霊魂の不滅それも亦、世界の地層の如く古い。若しもそれがなにかに依つて換へられねばならないとしたら、他の如何なる信念がそれに換るであらうか。それは常に否定することは出来ないであらう。

神の絶対的慈愛及び神の悪に対する絶対的無知、これらの他の真理が生じるところの全体的真理を、若しも人が思ひ起こすならば、ソフィスムは自ら崩潰するであらう。その如き時には、ソフィスムに倚りかかつてゐる詩のない文学も崩潰するであらう。永遠の公理を論じる文学は、自分自身を喰べてしか活きられないやうに罪せられてゐる。かくの如き文学は正しくない。それは自分の肝臓を食ひ尽す。そしてその「臨終の言葉」novissima verba は、ハンカチーフをもつてゐない中学四年生の子供《ゴッス》らを傲慢に笑はせる。我々は何事に関しても神に質ねる権利をもつてゐない。

若しも諸君が不幸であるならば、それを読者に言つてはならない。それを諸君のために取つて置き給へ。

若しも人がソフィスムを、これらのソフィスムに対応する真理の方向に矯正するならば、真であるのは只だその矯正のみである。そして一方かくの如く矯正された作品は、最早偽りなりと自称する権限をなくするであらう。その他のことは嘘偽の跡形と共に、真実外に、随つて下らぬものであり、そして強制的に無と見なされるであらう。

個人的《ペルソネル》な詩は、相対的軽業と偶発的顰面の活動の時代を過ぎた。フェルネエの仮面哲学の生誕以来、大ヴォルテエルの流産以来、突然に中断された非個人的《アンペルソネル》な詩の不滅の糸を再びとらう。

謙譲或は高慢の口実の下に、結局原因《コオズフイナアル》を論じ、それに依つてその鞏固な明瞭たる帰結をへし曲げんとすることは立派に見えるものである。誤から目を覚まし給へ、それ以上に馬鹿げたことはないのだから！　法則に適応する鎖を過去に再び結びつけやう。詩は最高の幾何学である。ラスイーヌ以来、詩は一ミリメートルも進歩しなかつた。誰のお蔭で！　我々の時代の「大なるぶよぶよ頭達」★9のお蔭で。女の腐つたやうな奴、「憂欝なモヒカン」シヤトオブリアン、「スカアトをはいた男」セナンクウル、「癇癪持ちの社会主義者」ジヤン＝ジヤツク・ルツソオ、「頭の狂つた幽霊」アンヌ・ラドクリフ、「アルコオルの夢の埃及騎兵」エドガア・ポオ、「暗黒の教父」マテユラン、「割礼を受けたエルマフロデイツト」ジヨルジユ・サンド、「比類のない乾物屋」テオフイール・ゴオチエ、「悪魔の俘囚」ルコント、「泣くための自殺者」ゲエーテ、「笑ふための自殺者」サント・ブウヴ、「涙つぽい鵠《くぐひ》」ラマルテイーヌ、「吼える虎」レルモントフ、「痛ましい緑の支柱」ヴイクトオル・ユウゴオ、「悪魔の模倣者」ミツキエヴイツチ、「知力のシヤツを着てゐない気取屋」ミユツセ、「地獄の草原の河馬」バイロン等のお蔭で。

懐疑は全時代を通じて少数に存在した。現世紀に於ては懐疑は多数に存在する。我々は手孔で義務の違犯を呼吸する。それは一度現はれたに過ぎない、それは再び現はれないであらう。

　普通知識の初歩階梯は、当今に於ては、中学四年級の、先生達が、未だ唇が母乳で濡れてゐる少年詩人である彼等の生徒に、ラテン語の詩作を教へる時にする第一のことが、生徒達に実際にアルフレッド・ドウ・ミュッセの名を洩らすことである程、それ程漠然となつてゐる。まあ待ち給へ！　扨《さ》て、六年級の先生達は、彼等のクラスで二つの血腥いエピソオドをギリシヤ語の韻文に飜訳すべく与へる。第一のもの、それはペリカンの嫌らしい比喩《コムパレエゾン》である。第二のもの、それは一人の農夫に起つた恐ろしい災害である。悪を見ることは何の役に立つのか。悪は少数には存在しないのか。何故中学の生徒の頭は、パスカルやバイロンの如き人間に於て、理解出来なかつたがために、彼等に度を失はせた問題の上に、かしぐのか。

　一人の生徒は私に、中学高等科の最下級の先生が日々、ヘブライ語の韻文に訳すべくこれらの二つの腐肉を与へたと語つた。それらの動物的、人間的本性の痛みは彼を一ケ月の間病気にした。彼は病室で暮らした。我々は識り合ひであつたので、彼は母に依つて私を求めしめた。彼は気軽るにではあつたけれども、如何に彼の夜々が執拗な夢に悩まされてゐるかを語つた。彼はペリカンの軍隊が見えるやうに思つてゐた。ペリカンは彼の胸に襲ひかかり、彼の胸をひきちぎつた。それからペリカンの群は燃えてゐる茅葺の家の方へ飛び去つた。彼等は農夫の妻や子供を喰べた。農夫は焼け跡で黒くなつた体をして家から飛び出し、ペリカンと劇しい闘ひを始めた。崩壊した茅葺の家の中ですべてがひしめきあつた。家の残骸の取り除けられた塊の中から――それは決して見損ひつこはなかつた――彼は見た、彼のクラスの先生が一方の手に彼の心臓をもち、もう一方の手に硫黄の筋の中にミュッセ自身がそれを作つたかの如き、ペリカンの比喩と農夫の比喩が判読される一枚の紙をもつて出て来るのを。彼の病気が如何なる種類のものであるか、一見して判断することは困難であつた。私は彼に、気をつけて黙つてゐるやうに、誰とも話をしないやうに、殊に彼のクラスの先生とは話をしないやうに注意した。私は彼の母に病気は何でもないと安心させながら、彼を暫らくの間、彼女の家にひきとるやうに勧めた。実際に私は毎日二三時間の間、其処へ行くやうにしたそして、病は過ぎ去つた。

批評は外形を攻撃すべきものである。だが決して諸君の思想や文章の奥底を攻撃すべきものではない。諸君が注意すべきはこのことである。直覚は、想像され得る最も不完全な、推理力の外形である。海水のすべては、知力の一点の血を洗ふにも充分ではないだらう。

★1　『マルドロオルの歌』第四章最初のストロオフ参照。

★2　ダントンの演説。

★3　第二帝政下で書かれた。

★4　ユウジエエヌ・スユーの『サラマンドル』の主人公へのあてつけ。
★5　同上の『彷徨へる猶太〔ユダヤ〕人』の主なる人物。
★6　ミツキエヴイツチへのあてつけ。
★7　西班牙の詩人、詩や劇の作者。
★8　ボオドレエルへのあてつけ。
★9　一八七〇年三月十二日の手紙。

ボオドレエル論

フィリップ・スウポオ

ボオドレエルとその時代

ボオドレエルが受けた影響及び彼の詩の源泉に関して真に如何なる理由のためか知らないで、人は非常に多く主張した。私の考へでは、さう云ふ労力はかなり空しいものである。過去の作品の反響ではなく、ただその時代の反響をどんなにしてでも再び見出さうと欲することは制限を求めることであり、誤解の危険をもつことである。ボオドレエルの詩を研究した批評のなかの最も優ぐれたものが、この詩人の受けた色彩やフォルムやリトゥムが、彼の時代からである、と云ふことを忘却してゐる。ボオドレエルは非常にオリジナルであると言はれる。若しも人がこの少し馬鹿げた、かなり使ひ古された言葉に依つて、自己に対する真実性と、二度とこの言葉を言はないといふ要望を理解するならば、私は自ら進むでこの肯定にアンダアラインする。[1]

1　ロベエル・ヴィヴィエ氏の著作『シャルル・ボオドレエルのオリジナリテ』は、この種の研究に捧げられてゐる。著者の良き意志にも拘はらず、その確言するところは、私には殆んと立証的でないやうに思へる。

ところでまたボオドレエルの場合は *Fleurs du mal*『悪の華』の詩から詩へ、*Spleen de Paris*『巴里の憂鬱』のフラアズからフラアズへと、いちいち丁寧に読み漁る博学な研究家達を、反駁したり是認したりしやうとすることが出来るためには、余りに明白である。彼等はそれらを読み漁つて、最も悪く解釈した場合に、前時代の詩人達の若干の詩を思はせたり、それに反響したりするところのものを注意深く書き留める。

殊に人は永いあひだ、ヴィクトオル・ユウゴオの若干の詩を、ボオドレエルの詩に結びつけてゐた。『悪の華』の詩人は、彼がユウゴオを好み得てゐたことを隠さなかつた。Petites Vieille「老婆」を彼に捧げたのは、その証拠である。だがボオドレエルは全く違つた詩の概念をもつてゐた。そして今後重要であるのは、ただこのことである。彼の「詩人としての経歴」の最初に、ボオドレエルはペトゥリュス・ボレルを好んでゐた。そして彼の晩年に於ても、彼は未だボレルのことを考へてゐるのであつた。ついで彼は熱心にトオマス・ドゥ・キンスイを飜訳した。だがそれは深い讃歎に依つてではなく、寧ろ交感性に依つてである。或る詩人にとつては、影響は外形より他の点に作用するものである。

或る時期に、とあるあひだ、サント・ブウヴは彼の詩の形成に働きかけたやうに思はれる。*Volupté*『肉欲』の著者の精神的態度と詩的概念は、ボオドレエルを動かした。次第に彼は *Poésies de Joseph Delorme*『ジョセフ・ドゥロルムの詩』の乾燥と反響性の欠乏を判別した。だがボオドレエルは、公式批評家となつて友のために身を危くしやうとはしない人間のために、常に或る尊敬を保存したであらう。最後に彼はエドガア・アラン・ポオの作品を読むだ。彼はリヨンの或る新聞記者に次のごとき手紙を書いてゐる。

「……一八四六年か一八四七年に、私はエドガア・ポオの若干の断片を識つた。私は不思議な動揺を感じた。彼の全著作は彼の死後にしか、ひとつのエディションに集められなかつたので、私はエドガア・ポオが主宰してゐた新聞の蒐集を借りるために、巴里に住むでゐるアメリカ人と交際するのを我慢した。そしてそのとき私は――私の言ふことを君が信用しなくてもかまはないが――私がかつて漠然と不確かにそして無秩序に考へてゐた詩や短篇を見出した。そしてポオは、それらの私が考へてゐたことを結合しかつ完成してゐた。」

十七年間ボオドレエルはポオの作品を飜訳した。そしてそのあひだに、*Histoires extraordinaires*『異常物語』の著者に関する二つの重要な研究、Edgar Allan Poe, sa vie et ses Ouvrages『エドガア・アラン・ポオの生涯及び作品』と Notes nouvelles sur Edgar Poe『エドガア・ポオに関する新しいノオト』を書いた。

勿論このポオとの永いあひだの親和は、ボオドレエルに真の影響を与へたに相違ない。だが前に引用した手紙を想起して、この二つの精神の血族関係は、ポオの思想や芸術がボオドレエルの深い個性を少しも変化させなかつたごときものであつたことを、直ちに付言しなければならない。かつまた、その飜訳は異論なく完全なものではあるが、ボオドレエルがポオのために、かくも多くの時間と、かくも多くの力をささげたことを、残念に思つてもよい。

私の考へでは、このポオとの遭遇に関して留意すべきは、適切に言へば、ボオドレエルは深い影響を受けなかつたと云ふことである。ボオドレエルは潮流に抗して行く人間の一人であり、彼等が好むところのものよりも、彼等を恐怖させ彼等を嫌悪させるところのものに依つて印象づけられる人間の一人であつたのである。

然しながら『悪の華』の詩人が、ユウジェヌ・ドゥラクロワに対して不滅の讃嘆をもつてゐたらしいと云ふことは、注意すべきである。彼は人を驚嘆させる熱情と激昂をもつて、ドゥラクロワの絵を愛し得たのであつた。ドゥラクロワはボオドレエルに或る蠱惑を与へた人間であつた。凡ゆる点から見て、ボオドレエルが受けた最大の影響は、ドゥラクロワの影響である、と言つても誇張とは見えまい。

また更らにその atitude「姿勢」をボオドレエルが嘆賞した線画家コンスタンタン・ギイスの名を挙げることが出来る。ボオドレエルはギイスに関して書いたエッセエの中に、その嘆賞の理由を与へてゐる。

他のゴオティエ、バンヴィル、ルコント・ドゥ・リイルのごとき友人は言へば、彼等は別の世界に生きてゐるかのごとく見える。ボオドレエルは意識的に或は無意識的に、彼等から遠ざかつてゐた。そして彼の作品は彼等の作品を否定し反駁してゐた。

他の領域に於て、特に記載すべく適当な奇妙な現象はジョゼフ・ドゥ・メエストゥルの思想及び理論及び理論へのボオドレエルの加盟である。*Soirs de Saint-Petersbourg*『サン・ペテルスブウルの夕』の著者が『悪の華』の詩人を魅惑したことは、良く理解されてゐない。私はこの明白な影響を、ボオドレエルが彼自身の遊戯に自分を捕へられる儘に委したと言ふことを認定してしか、理解出来ない。彼があらんと欲し、そして彼があつたダンディは、言はば反対を言ふことであり、人を驚かせることであつた筈である。護り得ないジョゼフ・ドゥ・メエストゥルを護り、同時代の人々に衝突してゐた彼の理論を熱烈に表明し、その原理の論理と真理をもつて人々を説服せんと努力して、ボオドレエルは先づ自分が説服され、それを受容れるやうになり、次いでジョゼフ・ドゥ・メエストゥルを讃嘆するやうになつてしまつたのである。

美学者としてのボオドレエル

ボオドレエルが彼の時代に与へた影響が理解されたのは、僅かに数年以来である。その生涯の間この詩人は屢々論議され嘲罵され、そして稀に第一流に置かれた。人は彼の詩を病人か或は少なくとも或る奇妙な人間の著作と考へてゐた。然し人は彼の批判力と彼の判断の明識を認めずにはおられなかつた。美学者として考察するとき、ボオドレエルは当然確なものに見えるべきであつた。

彼の死後、人はこの詩人の特質を認めた。『悪の華』は研究され評釈され讃嘆された。彼は彼の時代の最大の詩人となり、彼がその師と呼んだテオフィール・ゴオティエの栄光を蒼ざめしめた。だが人がこの詩人に献げた讃嘆は批評家達を盲目にした。ボオドレエルは彼等のお蔭で傑作のしかも無比の傑作の著者となつたが、彼の詩の強烈な光は彼のその他の著作を等閑にせしめ、時としてはそれらを軽視せしめた。彼の同時代の人々の不正当を蒙つた後、ボオドレエルは後世に依つても誤解された。大部分の者にとつては、彼は『悪の華』の詩人にしか過ぎないのである。併しながら人が彼の批評的著作を研究するとき、人は彼の審美的精神の力と特質に眩惑されずにはおられない。彼は偉大なる明察者であつた。彼の時代に生存してゐた真に偉大であつた画家、彫刻家、音楽家等すべての芸術家はボオドレエルに依つて発見されるか、或は少なくとも擁護されたのであつた。そしてボオドレエルがその真価を知られてゐない或は誤つて理解されてゐる偉大な者達の名を押しつけるべく努力したのは、只単にダンディの態度に依つてではなく、その特質を認めんとする要求の上に基礎づけられた信念に依つてであることを認めなければならない。彼は彼等を弁護し、或は彼等の見界《みさかい》を熱烈に説明した。そして最も驚くべきはその巧妙さである。

斯くの如きひとりの人間に就て語るとき、彼の批評が全く利害関係のないものであつたと言ふことを付言することは無用ではないのではないだらうか。彼は決して、彼の批評から物質的或はその他の利益を引き出さうとはしなかつた。ボオドレエル程諛《こ》びない人間は何人もゐなかつた。併しながら彼の如く真の友人に乏しく激しい敵をもつた者は少なかつた。*Curiosités esthétique* や *L'Art romantique* を反読すると、ボオドレエルの確信に驚かされる。彼は自分自身と論争したり或は証明を非常に少なくする必要を感じたりするやうな人間ではない。彼は断定するのである。彼が或る角度の下に位置せんとするとき、彼がひとつの新しい光を投げんと努るとき、彼はそれをなしつつ或る詭計を示すことが出来る。何故なら彼は彼が多数者に接近し得る言語を話さなければならないことを知つてゐるからである。けれども彼は疑惑と言ふ考へを起してゐないのである。ボオドレエルは信念の眼をもつて愛し嘆賞するのである。併しながら生は、彼に彼が何ものをも又何人をも、当《あて》にすることが出来ないと言ふことを、教へるべき役目を受持つてゐた。芸術は決して慰安であつてはならなかつた。彼は彼の存在の奥底から来る力をもつて、芸術家の特質、彼にとつて明白であつた特質を、擁護せずにはおられなかつたのであつた。

ボオドレエルは信念と誠実の人間であつた。『巴里の憂鬱』の次の告白を想ひ見よ。この告白は常に再びそれに立ち戻らなければならないものである。

「すべての者にも亦私自身にも不満足なる私は、自らを贖ひ、夜の沈黙と孤独の中に少しく私を誇らんと欲する。私が愛した者達の魂よ、私が歌つた者達の魂よ、私を力付けよ、私を支へよ、私から虚言と世界を腐敗させる気鬱を遠ざけよ、而して汝神よ、我が神よ、私が人間の中の最も低劣な者にあらざることを、私がわが侮蔑する者達に劣らざることを、私自らに証し立てる若干の美しい詩を創り出す恩恵を与へよ。」

ボオドレエルを支配してゐたこの力、彼の「憂鬱《スプリイン》」を消散させ、彼に闘ひを強ひてゐたこの力は、彼の時代のなにものも凌駕することの出来なかつた価値と深さを、彼の批評に与へるものである。

ひとりの天才が斯くの如き努力の可能なとき、彼の作品が不滅の足跡を残してゐることは明白である。審美的領域に於るボオドレエルの影響は、私は既にそれを注目せしめたが、多少隠れたものであるとは言へ、重要なものである。そして蝕《エクリプス》の後に再びこの影響は作用するものである。

⁂

一八四六年以来、その年の彼の「サロン」の中に、彼は彼のポジシオンを明確にせんと欲してゐた。

「最上の批評は愉しくかつ詩的なものであつて、すべてを説明するといふ口実の下に、愛も嫌悪もなく、かつ凡ゆる種類のタムペラマンを勝手に脱ぎ棄てる冷たい代数的な批評ではないと、真実に私は思ふ。ところでひとつの美しい絵画は美術家に依つて反映された自然であるから、批評は聡明にして感性に富める一精神に依つて反映されたその絵画であるだらう。それ故ある絵画の最上の叙述はソネかまたエレジイたり得るだらう。

「だがこの批評の様式は詩集や詩の読者に充てられたものである。適切に批評と言はれるものに関しては、哲学者達は私が次に言はんとすることを理解することを希望する。――正確であるためには、換言すればそのレエゾン・デエトルをもつためには、批評は偏頗的であり、熱情的であり、政治的であらなければならない。即ち排他的見界に於て、だがそれは地平線の極限を開く見界に於て、なされなければならない。

「色彩を顧みずに線を、或は線を顧みずに色彩を称揚することは無論ひとつの見界である。だがその見界は広くもなく正しくもない。それは特種な天職の大なる無知を告白するものである。

「自然が如何なる度合に、線の好尚と色彩の好尚を混じたか、また如何なる神秘な方法で、その結果が絵画であるところの混合を行ふかを、諸君は知らない。

「それ故より広い見界は無論個人主義であるだらう。即ち美術家に、素朴さと、彼の職能が供する凡ゆる方法に援けられた、彼のタムペラマンの真摯な表現を註文することである。タムペラマンのない者は絵画を作る資格はない――如何に我々は模倣者、殊に折衷主義者に厭いてゐることか――タムペラマンのないものはタムペラマンをもつた画家に職人として奉公入をするべきである。

「これからは或る規準、自然から引出した規準を身につけて、批評家は彼の義務を偏僻をもつて果さなければならない。何故なら批評家であるためには、人は依然として人間であり、偏僻は類似のタムペラマンを近接させ理性を新しい高度に引揚げるからである。」

人はこの確信を讃歎する。だが更らに讃歎に価ひすると思はれるのはボオドレエルの本能である。彼が或る作品を研究するとき、彼が或る絵画を審査するとき、彼は二三の線の中にその真の特質を判別することが出来るのである。彼の述べるところは理解出来ない軋轢ではない。彼は多くの批評家の如く、これは立派であると宣言して、その讃歎の理由を後で提出することで満足しないのである。

批評家としてのボオドレエルを判断するためには、例へば彼がドゥラクロワに供した如きところの論文を読まなければならない。多くの者は(その中ティエールは今日我々に奇妙に思はれることであるが)この画家の天才を認め彼の画布をリリスムをもつて描くことが出来たが、ボオドレエルがそれをなした如く、この天才の本質を分析しやうとはしなかつた。ボオドレエルは決定的たり得たのである。これらの研究をなすとき、人は彼がドゥラクロワに依つて創造された世界、より正確にはこの画家が欲した世界の中に、生きてゐたいといふ感をもつ。

我々にとつて驚くべきことに思はれるのは、ドゥラクロワがこの批評の深さに殆んど感動しなかつたと言ふことである。彼は唇の先でボオドレエルに感謝したのであつた。

だが他の者達は彼に彼等の明察と明敏を証明することを知つてゐた。ただ二つの例を挙げても、ボオドレエルが彼の真の位置（アングルやドゥラクロワの傍ら）に置くことを知つてゐたドオミエ、彼がその真の重要さを理解したワグナアがある。

⁂

批評家としてのボオドレエルの態度は如何なるものであつたか。先づ第一に『悪の華』の詩人は『浪漫派芸術』を書いた批評家よりも、遥かに尊大であり峻厳であり横柄であつたと言ふことに着目するのは適当である。批評家としてのボオドレエルは比較的寛大でありそのイロニイは苛酷なものではなかつた。あれ程苦悩し且つ彼に対する同時代者の盲目と不正に絶えず苦しむでゐたボオドレエルは、彼の見界を表明するために彼の怒と恨みを忘却しやうと努めてゐた。

彼の生涯の最初に彼は書いてゐる。「公衆は天才に関しては遅れた時計である」。それ故先づ理解させ特に強調し断定するのが適当なのである。ボオドレエルは等級を定めることは好まない。彼は等級を付したり階級を定めることを目的としない。彼にとつては或る画家達或る作家達或る音楽家達は天才であつた。それ故飽くまで彼等の才能に関して書かなければならなかつたのであつた。彼等を比較したり、某画家は某画家よりも偉大である等と主張することは全く無益である。重要なことは論議ではなく、例へ人が何と言はうと全く稀にしか光を放たない天才の発顕を認めることが出来て、更にそれを認めしめることとである。

ボオドレエルが批評的研究のためにペンを握る殆んど各度毎に、それはある人間或ひはある新しい芸術を啓示するとか、或ひはまたある偉大な芸術家の価値を閑却させてゐる誤解を消散させやうと言ふ希望の中になされてゐる。

批評家に関してボオドレエルは書いてゐる。「万人の後に来る作家、即ち遅れて来たる作家の立場は予言者である作家のもたなかつた利益を自己の中に認める。成功を知らせ成功を促がすものは、言はば大胆と献身の典拠に依つてである」

これらの二つのテクストはボオドレエルの批評のトオンを明確にしてゐる。彼は批評に関して熱中しないわけにはゆかなかつた。彼は誰でもが感嘆する作品のために熱中することは困難であつた。人は真実若干の誇張無しではないが、ボオドレエルは俗衆の感嘆を惹き起こす凡ての作品に依つて容易に嫌悪させられ、そして多数者の愛するところのものは彼に最早その悪い側面しか見ないやうにする誘惑を与へたと言ひ得るだらう。彼は暫々《しばしば》ドゥラクロワが有名であるのを残念に思つてゐた。少なくともこの後悔を想像させてゐる点がある。如何なる喜悦と熱情をもつて彼は真の知られざる人達、愚人の群が単なる「人を面白がらせる人間」と考へてゐたところの、そして只だ独りボオドレエルのみが疑ひもなく聖なる偉大な芸術家と考へてゐたドオミエやコンスタンタン・ギイスの価値を認めたことか。

それ故批評はボオドレエルに従へば何ものよりも先づ発見すると言ふことである。説明とか註解は殆んど稀にしか問題たり得ない。彼の大きい心遣ひの一つは、批評の対象を高めることであり、対象を低下させることではなかつたと言ふことを付言する必要があるだらうか。ある日彼が「不潔にして拙劣である」と考へてゐたヴィクトル・ユウゴオの『レ・ミゼラブル』に関して書くべく余儀なくされて、彼は自己の意に反して相当に深く真摯な賞讃に充ちた批評を公けにした。彼は彼が公言してゐた軽蔑を等閑にしてしまつてゐたのであつた。

ボオドレエルは通常彼が嫌悪してゐるところのものや或ひは関心なく評価してゐるものに意を用ひないことを好むでゐた。彼の批評的論文の大部分は彼の感嘆の発顕であり暫々焦点合はせであつた。

何故なら例へボオドレエルは感嘆し得ても盲目的に熱中することを拒

否してゐたからである。彼はその対象と共に生きなければならなかつた。彼は「若き文学者」に勧告した。「よく思索してゐなければならない――対象を自己と共に散歩に浴槽にそして殆んど彼の情婦の家へと連れ廻つてゐなければならぬ」。ボオドレエルはこの勧告に従つてゐた。夜彼が街路を歩き乍ら、或ひは出版業者や新聞の編輯者の傍らで止むを得ない悲しむべき奔走をなしつつ、低い声で朗読してゐたのは単に彼の詩だけではない。彼がある研究或ひはある論説を書いてゐる時も、彼はその研究せる芸術家を彼の生活に合体させてゐた。彼はその芸術家と共に生きてゐた。そして彼の思索はその作品の周囲に結晶してゐた。人は尚も進んで次の如く正しく言ひ得るであらう。即ち研究された作品と芸術家は「彼の生の一瞬」を形成してゐたと。

この熱烈な丹誠と心掛けは、人がそのペンを握つてゐる人間の病的素質や悲哀や苦悩を考へるとき、人を驚かせる熱と感激を彼の批評にもたらすことをボオドレエルに可能ならしめた。

「ある美術家のデッサンから生じる考察と精神の夢想は、多くの場合批評がそのデッサンから作り得る最上の飜訳である。暗示はその作品の主旨に加はつてゐる。そしてこの暗示を順次に示すことに依つてその作品の主旨を占断させることが出来る」。

だがこれらの考察と精神の夢想を生ぜしめ得るためには、批評家はひとつの規準に依つて判断する単なる冷静で穏和な能力であつてはならない。それは一人の創造者、換言すればその人間の感受性が少なくともその知性と同様に鋭敏な人間であらなければならないと言ふことを、認めなければならない。

⁂

ボオドレエルが探求した領域は広大である。人がこの領域を一直線に跋渉するとき、人は『悪の華』の詩人の批評的活動力に驚歎させられる。彼が芸術家や作品になした批判は、時と共にその価値の増大する深さと輝きある正しさをもつてゐる。今日その批評的作品に眼を通すとき、人は各頁にそのアクテュアリティに依つて人を驚かせる鑑賞と全く新しい批評を見出す。

彼の批評は真に創造的であつた。その批評は時々その眼ざしてゐた対象を凌駕してゐた。かつその上その批評は非常に人間的であつた。俗衆が嘲罵し軽蔑してゐた人達のためになしたボオドレエルの註釈と論説は、一人の人間、一人の詩人が彼等を理解し彼等の作品の価値を評価し得る批判を、誤解された芸術家達にもたらし得た。ワグナア、マネエ、ドオミエ等は、ボオドレエルのこの力と彼が諸芸術の領域に演じた役割の重要さとの顕著な範例である。

ボオドレエルは稀に間違つた（ピエール・デュポンへの彼の讃辞は、若し我々が彼がデュポンの忠実で素直な友人であつたと言ふことを忘れるなら、我々を驚かせるだらう）。だが彼が熱狂するときは、それは非常な喜悦をもつて何らの底意も無くしてである。随つてそれを認め理解することを拒む者達への彼の激しい時としては不正当な怒も容易に是認される。彼の眼には彼の時代の多くの者達は俗悪なる愚者に過ぎなかつた。正しくものを見、正しく見ることを知り、人から着目されないのみかあまつさへ愚弄されてゐることを知るのは、痛ましいことである。そして後に人がボオドレエルに「貴方は正しかつた」と言つたとき、彼は歯嚙みをして「遅過ぎたよ」と答へたのであつた。「遅れた時計」に比較され得るものは只だ公衆のみではない。

今はよし遅過ぎたとは言へ、竟ひに批評家としてのボオドレエルの価値を認め、更にその奇跡的な明察を認めるべき時である。彼の詩的批評は、熱情的な博学者ではあつたが一人のボオドレエルの予言的天才を欠いてゐた彼の同時代者サント・ブウーヴの批評よりも、無限に鋭く正確なものであつた。

詩人としてのボオドレエル

我我の眼にはボオドレエルは、浪漫主義の開花の後に、ヴィクトオル・ユウゴオの後に、我々が今日〈ポエジイ〉と呼ぶところのものを発見した人間として映じる。如何なる定義も『悪の華』の詩人に関して与へたアルチュール・ラムボオの次の定義よりも正当なものはない。

「……だが死せるものを正気づけることとは別な、不可見なるものを検視し、聞えざるものを聞えしめる、ボオドレエルは、最初の見者であり、詩人の王であり、真の神である。而《しか》も尚彼は余りに芸術的な環境に生きた。しかしあれ程賞讃された彼の様式は、彼にとつての価値のないものである。未知なるものの発見は新しい形式を要求する。」

ところでボオドレエルは、決して彼の希求を示さず、彼の詩的詮索の目的を決して表明しなかつたと言ふことを、認めなければならない。彼は詩のために生き、詩に依つて生きたと言ひ得るだらう。だが生れ何らかの関係をもつすべてのものの如く、ボオドレエルの日常の歩みは神秘であり、暫暫《しばしば》暗中模索の様子をもつてゐる。

それには彼の語るところを聞けば充分である。幾度も繰り返して、そして殊に彼の反抗心に依つて、彼は自己の詩に対する態度を表明せんと欲した。

「誤れる流行に誘惑されない精神にとつては、様式と能力の全き混乱は、真に大きな驚きの種である。種種なる職業が種種なる道具を要求する如く、種種なる詮索の対象はそれに相応ずる能力を要求する。私は時として、殊に曲解されることを避けるために、自分自身を引証することが許されると思ふ。それ故私は次の如く繰り返へすだらう。

「……枯死さすことの出来ない錯誤……いまひとつの邪説が存在してゐる。私はその必然的結論として、感情や真理や倫理の邪説を含む教育の邪説に就て語らんと欲する。多くの人は、詩の目的は何らかの教育であり、詩は良心を堅固にすべきもの、或ひは品性を改良すべきものであり、そして最後に如何に詩が有用であるかを示すべきものであると考へてゐる。詩は、仮令少しでも人が彼自身の中に下りてゆき、彼の魂に質ね、彼の感激の思ひ出を呼び返へさんと欲する限り、それはそれ自身以外の如何なる目的をももつてゐない。詩はそれ以外の目的をもつことは出来ぬ。そして如何なる詩も、只詩を書かんとする悦びのために書かれた詩ほど、偉大であり高貴であり真に詩の名に価ひするものはないだらう。

「私は――どうか私の言ふことを理解して呉れるやうに――詩は品性を高貴にしないもの、その最後的帰結が人間を通俗な関心の水準の上に高めるものではないと、言ひはしない。それは明らかに愚かなことであらう。私は、若し詩人が或る倫理的目的を追求した場合には、彼はその詩的精力を減少させたいと言ふのである。そして彼の作品が粗悪なものであることを断言しても軽率ではあるまい。詩は科学や倫理に同化することは出来ない。若しさうなら詩は死刑か失格の科《とが》を受くべきである。詩は対象として真理をもたない。詩は只だそれ自身をもつのみである。真理の証明の方法は他の方法であり、他の場所に於てである。真理は詩に対して何もなすことがない。詩の美しさ、雅致、不可抗性を造るすべてのものは真理からその権威と権限を奪ひ去るだらう。冷たく沈着で無感覚な論証的性向は、金剛石や詩神の花を斥ける。故にそれは全く詩的性向に相反するものである。

「純粋な知性は真理を目指し、好尚は我我に美を示し倫理感は我我に義務を教へる。この中間者である好尚感が両極点である知性や倫理感と内面的な関係をもつてゐることは事実である。アリストテレスが彼の精緻な精神作用の若干の徳性の中に並べることを躊躇しなかつた倫理感から、それは僅かな差異に依つてしか距てられてゐない。それ故好尚の人間を悪徳の光景の中に憤慨させるものは、それは悪徳の醜さと不均衡である。悪徳は正義と真実を害し、知性と良心に反逆する。だが諧調への毀害の如く、不協和音の如く、悪徳は特により一層ある詩的精神を傷つけるだらう。そして私は倫理や徳性美への違犯を、一般に韻律や韻文法に対する一種の過失であると考へるのは不真面《ふまじめ》なことであるとは思はない。

「大地とその光景を、ひとつの瞥見として、また天国のひとつの対応として我我に思考せしめるものは、この讃歎すべき不滅の美の本能である。生が我我に啓示する彼方にあるすべてのものへの飽くことなき熱望は、我我の不滅性の最も生き生きとした証拠である。魂が墓の背後にある華麗を瞥見するのは、同時に詩と音楽に依つてであり、それらを通じてである。そしてひとつの美妙な詩が眼の縁に涙をもたらすとき、これらの涙は愉悦の過度の徴証ではなく、それは寧ろ悛《あらため》られた憂鬱と、神経の請願と、不完全の中に追放された自然と、この地上に啓示された天国を直ちに捕へんとするところの証左である。

「かく詩の原理は厳正にしてかつ純一に卓越せる美への人間の渇望である。そしてこの原理の発顕は感激の中の魂の高揚である。この感激は心情の酩酊であるパッションや、理性の糧である真理とは全く無関係なものである。何故ならパッションは自然物であり、余りに自然的であり、純粋な美の領域にそれを害《そこな》ふ不協音を導き、かつまた余りに通俗であり、余りに強暴であり、詩の超自然的領域に住む純粋な欲望、優美な憂鬱、高貴な絶望を犯すものである」。

だがボオドレエルの天才は、私にはこれらの主張を凌駕して思へる。この詩人は〈詩法〉を発表すべきではないと考へてゐた。彼はさうしてはならなかつたし、又さうすることが出来なかつた。詩人の真の力は無意識のものである。私はボオドレエル自身が、彼の新しい領域を探索する時に、孤独を感じることに暫暫驚かされたとさへ思つてゐる。多くの場合に彼は厳格に〈クラシック〉な形式に頼る必要を感じた。彼は「未知なるものの発見は新しい形式を要求する」と言ふことを認めやうとはしなかつた。

ボオドレエルの怯懦と言ひ得るだらうところのものに関して、主張することを恐れてはならない。それは彼の生涯の中に大なる役割を演じてゐるだけではなく、暫暫彼の天才を不随にする。我我は『巴里の憂鬱』

のアルセエヌ・ウーセエーへの献辞の中に、彼が表明した要望を思ひ起こさう。「魂の抒情的動揺や、夢想の波動や、知覚の飛躍に対して用ひ得る、充分に単一にして不調和な詩的散文の奇蹟を、我我の中の誰が、その野心に充ちた日に夢想しなかつたか」。

それからその後に書いてゐる。

「この執拗な理想が生れたのは、厖大な諸諸の都会への頻繁な往来と、それらの限りなき交渉の交叉からである」。

これ程力をもつて表明されたこれらの彼の願望は、決して叶へられなかつた。何故ならボオドレエルは散文詩の中に、彼の夢想を実現しやうとしなかつたし、奇蹟に依つて説得されるべく身を委ねなかつた。

彼は自ら進むで奇蹟から逃れたと言ひ得る。ボオドレエルのすべての詩は、詩は只だそれ自身のみであらねばならぬと言ふことを、彼が知つてゐたことを肯定せしめる。彼は詩は単なるひとつの技術ではないことを知つてゐた。

何人も——そしてボオドレエル自身さへもそれをしやうと思はなかつた。——詩の定義を提出しやうとはしないだらう。それが必要な場合には、人は只だ詩ではないところのものを列挙し得るのみである。人は、詩は我我が受ける或る力であると宣言することに満足する。毎日詩に関して考へたボオドレエルの後に詩を定義せんと欲するのはいよいよ無益なことであらう。我我は只だその作用を対照し、それに随ふことを得るのみである。

我我は面前に、『巴里の憂鬱』の傍らに置かれた偉大な書物『悪の華』をもつてゐる。我我が唯一の深き真実、ボオドレエルの詩の「福音」を見出し得るはこれらの頁の中にある。

イリユージヨンは問題ではない。無意識的に或ひはまたさうでなく、詩人は遊星と同様に遠いひとつの世界が彼に与へられてゐることを、先天的に知つてゐる。彼の人間的条件は彼がその世界に近づくことを禁止するが、彼の天才は彼にその反射を眺めその反響を聞くことを許す。それらの反射と反響は地上のものである。それからは人間世界の性質を持つてゐる。この視覚と聴覚は、恵まれない他の人間達の視覚と聴覚を更新することを可能ならしめる。それらは韻律の上に基礎づけられた歌となる。何故なら詩人は、人間的要求の上に依つてしか、地上的な方法で表現し得ないのである。自然を打破るためには、幾分か自然を欺き自然に媚びなければならない。

ボオドレエルは自然を表現したり、それを喚起することは問題でなく、自然を課することが問題であることを知つてゐた。「芸術家の告白」と題する詩は、この精神の状態を明白に表現してゐる。

彼の純粋性の希求は、最も純一にして最も人間的な、だが卑俗ではないところの方法のみを使用すべく、彼に強ひるであらう。彼は雄弁に意を用ひたり、輝しい世辞に身を強ひやうとはしない。何故なら詩は彼にとつては無限の純粋性を目指すべきものであり、詩はこの純粋性の中にしか存在せず、この純粋性に依つてしか存続しないからである。詩人のすべての努力は、赤裸と清浄無垢に向けらるべきである。

事実ボオドレエルは、彼が実現した以上に努力した。彼は方向を教へ、そして始めてこの新しい方向を提出した。だがこの先見にも拘はらず、彼は彼が伝統と呼んでゐたものを棄ることが出来なかつた。恐らく彼の役割はひとつの世界を見ながらもそれに到達することの出来ない人間の悲劇的争論に、我我を出席させることであつた。彼は道を示す。しかし彼の力は彼を裏切る。何故なら束縛が彼を不随にするのである。ボオドレエルの詩の偉大な人間性が存するのは実にこの点であり、そしてそれは我我にその詩を近づけるものであるが、それは又同様に彼の怯懦を説明するものである。我我は彼のお蔭で、彼の不変の勇気のお蔭で、この争論の距離を知つてゐる。疑ひもなく、最初の見者であつた彼が、彼の遂行せねばならなかつたことの困難さを、我我に彼の例証をもつて示すことは必要であつた。

彼が苦しむだのは無駄ではない。『悪の華』の中に出会ふ歎息と告白は、我我にこの詩人の偉大さを量るべく余儀なくする。何故なら彼はこの上もなく人間的にしてかつ偉大な詩人として止まるから。

彼の真の詩が存在するのは、私の考へに依れば、人間と超人とのこの一致の中に於てである。勿論私は此処で曖昧な言葉で冗談を言つてゐるのではない。ボオドレエルはヴイルテユオズではない。

近き或ひは遠き過去から、恰も忽ち空間と時間が廃止されたかの如く、この奥深く神秘な声の反響は、我我に迄やつて来た。その声は我我がそれを分析するには、余りに我我に対して力を持つてゐる。僅かに我我はそれを聞く可能性を見詰めるに止まる。文学と呼ばれるものの上方にある希求は「諒解せず」してそれを耐へると云ふその執拗さである。未知なる全空間と廃止された時間。失はれそして見出されたポエジイ。

我我が生と呼ぶところの世界と全く異つた世界、然しながらひとつの遊星がまたひとつの遊星を照らすところの二つの遊星を結ぶ世界と、同様の関係をもつてであらう世界を考へねばならぬであらう。我我が日常の生活を営む世界に依つて、かくして照らされた詩の世界は他の方則をもつてであらう。この世界に類似せる、だが偽りなるイマージユは、一般に夢に依つて我我に与へられる。夢の世界も亦他の方則に随つてゐる。同様に詩の世界に関して我我は不明瞭な意識しかもつてゐない。この世界に止まりながら、我我は只だ非常な困難をもつて、盲目にして聾なる仲介者、我我が詩人と呼ぶところの通訳者の力に依つてしか探ることの出来ない世界の存在を諒解する。そしてこれらの詩人も、常にその世界の方則を知らず、只だこの方則を争ふことなく受け入れることをなし得るのみである。これらの二つの世界に加つてゐるこれらの運命づけられた者達は、彼等の反動の統禦を失ふ。彼等は常に生から詩を分離させる観念的空間の中に置かれてゐる。彼等はその眼をひとつの世界、或は他の世界に転じるに随つて、彼等は種種なる言語を話す。彼が変化させせんとする努力、換言すれば詩の方則を生に適合させせんとする努力は、彼等を敗北と眩暈に導く。

我我が尚もこの仮定を認容するならば、交互に到達し合ふこれらの反射は、其処に入り込む者達の視覚を混乱させることを、付け加へねばならないであらう。彼等は光の痕跡の中に、既に識られた兆と光の配置を再び見出す。詩は言はば生に依つて照らされたものであり、また生は詩に依つて照らされたものである。だがこの光の交換は抵触を造り出す。

事実抵触が存在する。精神は円の中を廻ぐる。そしてその歩態が外部の引力によつて変化させられるや否や、それは受けてゐる二つの引力に抵抗する力も可能性をも失ふかの如く見える。即ち精神は浮遊する。均衡の喪失は眩暈を惹起し、精神に再び自己をとりかへすべく強制する。或る者達は容易に二つの引力に耐へることが出来る。そして新地方を発見するあの探険者の如く、彼等はそれを語らんとする要求を感じる。だがその物語は、よしそれが絶対に正確なものであつても、理解されずに止まるものなるが故に、彼等は新しい視界を、既に知られたものに比較する。彼等はイマージュを用ひ、最も「実際的」にして最も単純な方法を用ひる。それらのイマージュの力と真実性は、彼等の正確さの反比例の中にある。私はひとつのイマージュの両極は、詩の世界に一番近くあるためには、我我の現実から最も離れたものであらなければならないと主張する。他の一層複雑な方法は詩人の方法である。だがこれらの方法の価値は、我我が実際的と呼ぶところの方法から相違すればする程大となる。それは詩の神秘なる名のもとに、我我が示し得るだらうところのものである。

その定義は無益であり、更に仮定は虚しいものである。何故ならそれを述べるためには、我我は必らず近似である言葉を使用せねばならないから。更らに主張し、厳密な方程式を立てんとすることは、不完全な円の中を廻ぐることである。

ボオドレエルの詩は我我の記述から逃れ、殆んど稀薄なる説明を否定する。真実知性を満足させ得る証明は、決定的に詩から逃れ去るであらう。詩に就て語るとき、それを説明せんとすることはそれを破壊することである。

憂欝

シヤルル・ボオドレエル

1

すべての生あるものに憤れる雨月は、その甕より激しく降り注ぐ、近き墓場の蒼ざめた住民に暗黒の冷気を、霧たち籠めし郊外には数多の死滅を。

板石の上に寝藁を求めるわが猫は、疥癬に悩める瘦せこけた軀を休みなく揺り動かし、老ひたる詩人の魂は、寒さを怖じる幽霊の哀れなる声上げて樋の中を彷徨ふ。

巨大なる鐘慟哭し、燻ぶれる薪は風邪に罹れる振子に金切声で伴奏する。また汚穢なる匂ひに充ちた骨牌の中に

老ひたる女水腫患者の因果な遺物、美しいハートのジヤックとスペイドのクヰーンは、彼等の死せる恋を不吉に物語る。

2

私は千年生きたよりも更に多くの想ひ出をもつてゐる。

貸借明細書や韻文や艶書や一件書類や恋歌で塞がれ、また受取証の中に巻きこまれた重たい毛髪のはいつてゐる抽出付の大きな家具も、わが傷ましい脳髄ほど多くの秘密を匿してはゐない。わが脳髄はピラミッド、また共同墓穴よりも多くの死人を納れた無極の地下の納骨窖。私はわが最も親しき死者に絶えず執心する長い蛆虫が、悔恨のごとく逼ひ廻る月に忌み嫌はれた墓地。私はまた時代遅れの衣裳雑然と横たはり、唯だ悲し気なるパステル画とプウシエ*の蒼ざめた絵のみが、口開けられた香水瓶の匂ひを呼吸してゐる、色褪せた薔薇で充ちた古ぼけた女の私室。

何ものも跛行する日の長さに比肩し得ない、雪多き年の房のごとき雪片のもとに、陰欝なる無興味の果実なる倦怠が無窮に拡がりゆくとき。——今より最早汝は、おお生てゐる物質よ！　霧深きサハラの奥にまどろめる、漠然たる恐怖に囲まれたひとつの花崗岩！　無頓着なる人界には知られず、地図の上には忘却された、その厭世的なる気欝は、唯だ落日の光にのみ歌ふ老ひたるスフィンクスに過ぎぬ。

* プウシエ（1703 - 1770）婦人私室の装飾家として類ひなき画家

3

その教師等の追従を蔑み、その犬にもまた他の動物にも飽き果てた、雨降る国の王のごとく、私は富めども力なく、若くしてしかも老ひてゐる。何ものも、獲物も鷹もまた露台の前で死ぬその民も、彼の気を浮立たせることは出来ぬ。寵愛の道化役者のふざけた俗謡も、最早この冷酷な病人の顔を晴らさない。百合の花で飾られた彼の寝床は墓と化し、すべての君主を喜ばせる侍女達も、この若い骸骨から微笑を誘ふ卑猥なる化粧の術を知らぬ。彼のために黄金をつくる学者も、彼の生命から腐敗せる要素を根絶さすことは出来なかつた。また羅馬《ローマ》人より伝はり、君主等がその老年に想ひ起こすあの血の浴槽も、血液のかはりに地獄の河の生ま水の流れてゐる、この無感覚な骸を再び温めることは出来なかつた。

詩六篇

ジゼエル・プラシノス

妹と仔牛

太陽の庭の
熱病に罹つた蜘蛛
類ひのない容器の
極めて工夫されたポオズ
堅《デュール》い
壁《ミュール》が
泣《プルール》く

純粋な影像
頁の中の領主の子供よ
柵越しに君の血液を吐き給へ
拭ひそして水を飲み給へ
偽画《カリカテュール》
鉄骨《アルマテュール》

薄莎《ギヒユール》履物《シヨスユール》

溶解

空気の中の蜜の移り気
彼は花のあひだに微笑した
それは青春である
ひとりの可愛らしい小さい子供
　ひとつの球
　ひとつの輪
弾丸は壺の中に落ちた

葡萄

おまへ恐《(ママ)》つてゐるの
若しかしたら
おまへの鼻は身動きする

ひとつの花は色褪せた
哀れな彼女は最早此処にゐない
彼女は出発した
　此処から
彼女は遠く出発した

巨きな建物

焼かれたもの
限のない容易な苦悩の肉
困難な生《（ママ）》きてゐる
偽面は容易である

敷物

硝子は穴を穿けるだらう
それは怖ろしい
それは叫ぶ豚よりも怖ろしい

然し豚ほど迅速ではない
何故ならそれが死んでから
それからひとつの世界が造られた

それは草である

それは匂ひの良い草である
鉛筆をもつてゐた糸巻は立ち上がり
腐つた富籤を交付した
そのため
墓石で軽くされた或る日
私は打勝つた

映像

ポオル・エリュアル

掠奪品の甲冑　黒色の香料は放散する
樹木は扁桃形の風景を被つてゐる
すべての風景の揺籃　鍵等　骰子等
憂慮の平原等　雪花石膏の山岳等
郊外の洋燈等　廉恥　嵐等
火に捧献された意外の動作等
その溺死者と海とを隔離する道路等
難解なるすべての判じ物等

薊の花はひとつの城を建てる
彼女は風の梯子を上る
そして種子等は死者の頭に
光れる硝子の上の黒檀の星等は
彼等の情人達にすべてを約束する
仮装せる他の星等は
鉛の秩序をば維持する

人間の無言の不幸
彼の顔は早朝
牢獄のごとく開く
彼の眼は切断された首である
彼の指等は計算に
計量に掌握に説得に役立つ
彼の指等は彼を捕縛することを知つてゐる

公衆の廃潰
その動乱は粉砕する
その熱狂は水に帰す
電雷の恐怖に吊られた装身具等
蒼白の牧場其処では岩石が跳ねる
解決のために
美麗なる装飾品で飾られた墓
淫乱の緩徐の上の絹の面衣
解決のために
脊中のなかへの只だ一撃の斧

睡眠の窪地のなかに
沈黙は彼の子供等を立てる
此処に鼓膜を貫通する運命の音がある
色彩の塵埃にまみれた死
白痴
此処に最初の怠惰者と
不眠の機械的の運動がある
耳　兜のごとく曲るべき蘆
要求多い耳　濃霧のなかに忘却された仇敵
そして枯涸することなき沈黙
それは自然を呼ぶことなく自然を覆へす
それは恐しい欠乏
或は莞爾たる罠を掛ける
それは唇のすべての鏡を粉砕する

精緻な腕の海の真中に
晴れたる日に波等はすべての帆をもつてゐる
そして血液はすべてに帰着する
それは塑像のない広場
漕手もなく黒色の信号旗もなき

虹色の裸体の広場
其処ではすべての彷徨へる花等
光線の意志の儘なる花等は
大胆の仙境を隠した
それはすべての情愛の計量に対して
無関心なる一個の宝石である
微笑の鏤められた一個の宝石
それは神秘な家である
其処では子供等が大人達を失敗させる

希望の周囲に
むなしく
静穏は空虚をつくる

★ ポオル・エリュアール、一八九五年十二月十四日サン・ドゥニに生る。最初の文学的経歴としてはアンドレ・ブルトン、フイリップ・スウポオ等との雑誌《Littérature》の共同編輯。詩集《Le Devoir et L'inquiétude》《Les animaux et leurs hommes》《Les Nécessité de la Vie et les Conséquences des Réves》の著者。然し真の超現実主義の詩人としての出発は詩集《Répétitions》に開始する。此処には画家マックス・エルンストの精神と彼の精神との不思議な先験的親和、血液と血液との神話的交互浸透がある。此処にエリユアールはその完全なリリスムの水晶体を天空に向けて、その上に独特のイマージユを白熱させる。其の後出版された詩集は何れもエリユアールの樹液の如き詩脈の断層である。其処では洋燈は洋燈を消し、彼の力は彼を揺すり、室内を野獣の足をもつた家具等は遊歩し、外部にすべては死んでゐる。

讃歌

ルイ・アラゴン

彼等は人間を地上に還した
彼等は言つた　諸君等すべては食ふだらう
諸君等すべては食ふだらう

彼等は天空を地上に投げた
彼等は言つた　神々は死ぬだらう
神々は死ぬだらう

彼等は大地を造りはじめた
彼等は言つた　天気は良くなるだらう
天気は良くなるだらう

彼等は大地に穴をあけた
彼等は言つた　火は迸ばしるだらう
火は迸ばしるだらう

地上の支配者達に話しかけ
彼等は言つた　諸君は敗北するだらう
諸君は敗北するだらう

彼等は大地を手にとつた
彼等は言つた　黒いものは白くなるだらう
黒いものは白くなるだらう

大地に栄光を
ボルシェヴィークの日の太陽に大地を
そしてボルシェヴィークに栄光を

ポオル・エリュアール詩抄

耐へる

塵埃と無数の落葉を
掃き散らすために
すべての樹木を裸にするために
耕作地を荒らすために
鳥を打ち落すために
波を散らすために
最も熱い太陽の
均衡を砕くために
たったひとつの突風が
地平線から地平線へ
そして全地上に
逃亡する民衆　脆弱
重量のない世界
私を知らない昔の世界

狂つた影
私はもはや他の腕のなかでしか自由ではないだらう

私は休息の可能を信じてゐた

ひとつの廃墟からの貝殻が
前掛に顔を埋めて泣く
彼女の周囲に遊ぶ子供たちは
蠅の群より静かである

廃墟は立ち去る　手探りながら
牧場のなかに彼女の牝牛を求めて
私は生れた　私は生きてゐる
それを恥しいとは思はずに

いま真夜中である
睡眠に逆ふ
巫山戯た夜の光が達し得る
心臓のなかの矢のやうな

ルネ・マグリット

形体の柵を越して
眼の階段

ひとつの永遠の梯子
存在しない休息
ひとつの階段は雲によつて
いまひとつの階段は大なるナイフによつて
更にひとつの階段は
身振りのない毛氈のやうに
拡がるひとつの樹木によつて隠されてゐる

すべての階段は隠されてゐる
緑の葉が蒔かれた
森と推定された広大な野原に
鉛の欄干の就寝どきに

朝の軽いミルクのなかの
隙間の水準に従つて
砂は光に水をあたへる

鏡たちのシルエット
かれらの蒼ざめた冷たい肩
かれらの装飾的な笑ひ

樹木は傷つけられない果実によつて着色されてゐる

砕かれた橋

ルネ・シャアルに

思考の静脈をもつたガラスが
途中できれた街路で
純粋な水の石坑を完成する
思考の笑ひをもつた頭が
街路で口吟《くちずさ》まれる親しい歌を遠ざける

思考の唇をもつた河岸が
自らの反射に優しく口吻《くちづ》ける
思考の唇をもつた河岸が

街は睡眠から覚醒へ往き来する
不具になつた時間は金蓮花を踊る
枝葉模様の太陽は印度の眼を包む
印度そこでは何処へも行かない船が通過する
思考の匂ひのする狂人は
これらの船に随行する
生気に充ちた額と啞の河

おまへは起きる

おまへは起きる　水はひろがる
おまへは眠る　水は花ひらく

おまへは深淵から方向を変へた水である
おまへは根を生じた大地である

その上にすべてのものがたてられる
おまへは雑音の砂漠のなかに沈黙の泡をつくる
おまへは虹の絃の上で夜の讃歌を歌ふ
おまへは何処にもゐる　おまへはすべての道を廃止する

自然を再現させつゝ自然を蔽ふ
精密な焰の永遠の青春に
おまへは時を犠牲にする

女であるおまへはこの世界に肉体をつくる
つねにおまへのやうな
おまへは類似である

附録

訳者の言葉

ベートーヴェンの不滅の芸術を論ずるためには、また不滅の書物が書かれなければならない。これは訳者の主張であり、信念である。この書がそのやうな栄誉をどの点まで享受し得るものであるかに就いては、訳者は読者の批判に委ね、ひたすら沈黙と謙譲の美徳を愛さう。しかしこの書が少くともベートーヴェンの大宇宙《マクロコスモス》のよき解釈者であり、すぐれた審判者であることを断言するためには、訳者は遙かに逡巡と懐疑の彼方にある。

対象に対する激しい情熱なくして価値ある書物は生れない。我々はその最も美しい典型をロマン・ロランの著述に見るが、この書にもまた時としてベートーヴェンに対するファナティスムに近い情熱を見出すことは困難ではない。しかしそこには批判がある。而かもその批判は、音楽の運命を熟知し、音楽が如何なるものであり、また如何なるものでなければならないかを理解した作曲家・批評家のみがもち得る確信の上に立つてゐる。これらの点に於いて、無数のベートーヴェンに関する書物のなかに、この書は自己の存在を正当な権利をもつて主張する。ベートーヴェンは同時代の人々からその時代最大の音楽家と認められてゐた。しかし、その作品の真の価値と意義は閑却されてゐた。更に十九世紀に於いては、浪漫派楽派と新古典楽派から偶像として崇められたが、それは単に中期のベートーヴェンに過ぎなかつた。漸く現世紀に這入つて、彼の芸術的発展の究極である後期の作品に至高の重要性を認めようとする態度が現はれたが、このベートーヴェンに対する近代的理解に、この書はまた多くの満足を与へ得るものであらう。

訳者の義務の遂行のために、原著者に就いて簡明に叙述する。

ポール・マリ・テオドール・ヴァンサン・ダンディは、一八五一年三月二十七日パリに生れた。早くからディエメ、マルモンテル、ラヴィニャック等に師事した。普仏戦争の当時、パリが攻撃されたときは義勇兵を志願した。その後セザール・フランクに師事し、対位法、フーガ作曲法を学んだ。一八七三年にはフランクが教授に任命されてゐた国立音楽学校のオルガン科に入学し、二年後、パリに近いサン・ルーのオルガニストとなり、次いで《芸術協会》の合唱団の指揮者となつた。ダンディはこの仕事を五年間続けてゐたが、その間時々ドイツへ旅行した。しかしそれ以前の一八七三年に彼はヴァイマールに赴いてリストの知遇を得てゐた。このことは本書の序文にも記されてゐる。それ以後、彼はフランク、サン・サーンス、フォーレ、カスティヨン、デュパルク、ショーソン等と共に設立した《国民音楽協会》の会長となつた。

一八九二年、ダンディは国立音楽学校の「改革委員会」に参加したが、彼に提供された作曲学教授の椅子を謝絶した。

ダンディはパリの音楽教育の監督官であり、フランクの精神に従つて音楽教育に専心し、ドイツ音楽に対して「ガリア芸術」を主唱した。一八九六年以来、フランス近代音楽の最も重要な中心となつた《スコラ・カントールム》を創設し、ここで作曲法を講義し、一九三一年この世を去つた。

ダンディは芸術、人生、宇宙に対して確固たる信条をもつてゐた。それはカトリック的な信仰であつた。このことは本書のなかに明らかに看取される。また厳しい芸術的方則に従ふことに於いては、フローベールやバンヴィルに劣らない細密な立法者であつた。作曲家としての彼は顕著な存在であり、交響曲の領野に於いては若きフランス楽派の指導者の一人と見做されてゐる。その交響曲的作品としては、「ワレンシュタイン」「フランス山人の主題に拠る交響曲」「山の夏の日」等があり、舞台音楽としては「フェルヴァール」「異国人」等がある。また著書としては、『作曲法講義』『セザール・フランク』『ベートーヴェン』が挙げられる。

飜訳に際しては、原文中のフランス綴になつてゐるドイツ系固有名詞は悉くドイツ読みに改めた。尚、訳者の註は註釈事項の下に括弧でかこみ、小文字で記した。それ以外の註は、特別なものを除いてはすべて原著者の註である。

最後に、作曲学上の用語に就いて教示を得た池内友次郎氏、並びにこの拙ない訳書の出版に関してお世話になつた金原健児、津川隆一両氏に感謝するとともに、ベートーヴェンの生れた一七七〇年とこの巨匠の逝いた一八二七年といふ年代が、如何なる歴史的事件の年代の記憶に対してよりも、少年時代の訳者が多くの努力を払つた数字であつたことを想起して微笑を禁じ得ない。

昭和十八年四月

訳者

〔ヴァンサン・ダンディ著、冨士原清一訳『ベートーヴェン』新太陽社刊、一九四三年七月〕

冨士原清一のこと

高橋新吉

冨士原清一は大阪守口《ママ》の生れであつた。南海に沈んだと言ふが、今頃は魚の腹の中で陸にのこした子供や妻のことを思つて、さびしがつているか、それとも海鼠や章魚の恋人でも出来て、情欲を満足させているか、どちらかであらう。

自分が彼を知つたのは、衣巻省三、稲垣足穂などの友人の石野重道が介してであつた。本郷の森川町の総州館といふ下宿に冨士原はいたが、帝大前の電車通りの棚沢といふ古本屋に本をあづけて金をつくつてよくおでんやで飲んだ。

それから数年後小石川の音羽のアパートに彼は妻君と共同棲活をやつていて、直ぐ近くのアパートに自分もいたので好く一緒に飲んで喧嘩したりした。大島博光が茗ケ谷の下宿にいて、冨士原と数回行つたことがあるが、大島はまだ早稲田に通つていたか、卒業したかの頃で、ランボーなど読んでいたやうだが、冨士原には大島は頭が上がらず、よくいぢめられていた。上田敏雄なども冨士原の友達で、自分も逢つたことがある。冨士原は大島などよりフランス語がそのころうまかつたやうに思はせたが、ラテン語なども勉強していた。

自分は昭和三年から五、六年にかけて田舎にいたので、春山行夫などの詩と詩論には全然関係しなかつたが、冨士原はこれに詩を発表しているので、記憶している人も沢山あろうと思ふ。アラゴンやエリュアールの詩などのシュールリアリズムの詩で、瀧口修造などとも冨士原は交際していた。中原〔中也〕を冨士原はバカにしていたがフランス語が中原よりうまいと自惚れていたからである。

彼は酒が好きな点では中原と同じだつたが、新宿などで酔っ払ふと冨士原は、靴を脱いで靴の中へ酒を入れて飲むのが得手だつた。皺がれた声でマルセーズを歌ふのが癖だつた。

生前一冊の詩集も出さず、死んでからもまだ出そうにないのだが、此の間、池田克己詩集の出版記念会で、佐川英三君に逢って、冨士原の話が出て、大阪あたりの本屋が彼の詩集を出すと好いと語り合つたのだが、遺族の行方もはつきりしないので、探して見ようといって別れたが、冨士原はセルパンの編集をやつていた春山君の世話で第一書房へ勤めることになつて、佐川君も一緒につとめていたことがあるのである。

冨士原の詩は、当時最も尖端的なもので、今持ち出しても独自な個性は類が無からうと思ふ。

彼はあまり詩を発表することには熱心でなく、フランスの詩人達の脳漿を吸いとつて、自分の脳しよう《ママ》をふくらまし密かに彼の国の精英と技を競つてゐたのであろうが、寡作な方で、それも短い数行の詩を、一冊のノートに書き溜めているのを数年間も持つているのを、自分は時々手にとつてよんだことがあるが、題は「襤褸」としていた。全部で三十もあつたであろうか、ホンヤクの臭さはなく、いづれも彼の鍛錬場で陶冶された後打ち出された一振の短刀にも比すべき作品で、高貴な味ひのあるものであつた。最もバタ臭い詩で短歌や俳句めいた所の微塵もない詠歎や人情から孤絶した、新鮮な感覚の浮薄でない深さと、鋭角と、密度を持つた詩で、自分を打つものであつたが今よんでも感心するだろうし、又冨士原の襤褸以上の詩を最近もあまり見ないやうに思ふのだ。その中出版されて彼の真価が正当に理解されるやうになるだろうと思ふ。

彼はマルキシズムや政治的なものにはあまり関心せず、もつと人間の基本的な面の性欲や、孤独にかゝはつたやうである。第一書房をやめて齋藤書店につとめていたが、その後戦争中太平洋協会につとめて、内幸町のビルの四階へ毎日世田ケ谷の松陰神社の近くから通つていた。

自分も終戦になるまで一年半、芝公園の近くにあつた小さな新聞社に毎日通勤したので時々彼と遇つた。

有楽町の東宝劇場の地下で一杯の粥を食ふ為によく行列したが、彼もよく来ていた。一度版画社〔註〕をやつていた、自分の詩集雨雲や新吉詩抄を出してくれた平井氏も、行列の前を通つて巻ゲートル姿を見たことがあるが、或日冨士原は自分よりも先にならんでいて、やがて食べ終つて箸をなめ乍ら満足そうに階段を上つて帰つて行つたが、それが冨士原を見た自分の最後になつた。

太平洋協会では給料の安い事をコボしていたが、間もなく冨士原は召集されて、南の戦線へ持つて行かれたのだ。途中でやられたのか、どこでどんな工合に戦死したか、くわしいことは知らぬが虚無の深淵を常にうかゞがつていた冨士原が、人間くさい戦争を極度に軽蔑していた冨士原が遂に戦争の犠牲者の一人となつたことは皮肉であり、キリストのいふ神を嫌つて、神よりも酒や女を愛した冨士原が太平洋の波の底に、今頃はどんな顔をして沈んでいるかを思ふと、彼の美しかつた眉目はそのまゝで、あまりしよげてもいないやうに思へる。彼も魂を洗つて見れば純潔な日本人の一人であり、民族の運命に忠実であつたことを、自分一個の運命や一家の浮沈よりも重大に考へることで満足して目をつむつたであろうからであろう。

それにしても襤褸の天子(マヽ)冨士原清一の詩集を出版したいものだ。大阪は再び煤煙の都となつて栄えるとも、冨士原のやうな詩人が再び生れることは望めないからだ。

尚、冨士原について思ひ出すのは、彼はフランス語の原書や字引を数十冊常に大事に蔵書棚に置いていたが、それらを又常に質屋に持つて行つて金を借り、又それを出したり入れたり、しよちゆう(マヽ)していたことだ。

〔『炉』一二一号、一九四八年十月所収。初出時のタイトルは「詩論（五）　冨士原清一のこと」〕

冨士原清一に
地上のきみの守護天使より

瀧口修造

ぼくたちは、碧い、だが灰色に見える羽根をした鳥のような妖精にとり憑かれていたのか。それは時おり羽搏いたけれど、その余韻の記憶ほど悩ましく、儚く消えやすいものもない。ぼくたちが、いつ、どこで始めて出会って、いつ、どこで別れたのかぼくは憶い出さない。そうだ、すくなくとも別れたわけではなかったのだ。たとえば、一九二九年から三〇年ごろにかけて、きみは牛込の横寺町の当時アパートになっていた「芸術倶楽部」の薄暗い一室にいて、ぼくは同じ通りの市営食堂の前の小さな洋食屋の二階に間借りしていたころだけが鮮やかに見えてくる。それは『衣裳の太陽』の末期、ぼくが提唱し、きみが発行人になってくれた『ル・シュルレアリスム・アンテルナショナル』（一九三〇年一月刊、これは日本語版のみの一号で終刊となった）、そしてぼくがブルトンの『超現実主義と絵画』（一九三〇年六月刊）を熱に浮かされたように、たどたどしく日本の文字に直していたころであった。記憶の怪しいぼくにこの日付が蘇るのはきみのおかげだ。ぼくがひどく飢えていたときだ。きみが神楽坂でひとりで酒に酔い、荒れに荒れているとき、ぼくが「守護天使」になって行くと、きみは急に優しい微笑と敬礼で迎えるのが慣らわしであった。この天使には簡易食堂の標本棚がクリスマスの飾りのように見えたころだ。きみはといえば、時を選ばずパルナスの山へ勇敢に駆け登ろうとする姿が見えたものだ。ぼくはそんな山にはとても登れそうになかったので、どこか無関心をよそおっていたのだった。しかしきみはいつもぼくのそばには星がいると言った。若いきみは視たのだ。きみの家は大阪で質屋をしていたとか聞いたような気がする。きみは夏休みにはその「慈悲の山」へ出かけて行ったように憶えているが、軽蔑とタブーをふくめて多くを語らなかった。きみの命名にもかかわらず、若いきみのほうがぼくの守護天使だったのだ。あの遠い、乏しい現実のなかでは。ぼくはきみの奥さんにも助けてもらった。彼女はそのころ酒場の天使のひとりであった。おんなよ、すべてのおんなたちよ、いま声を出してくれ。お願いだ！ しかし、きみはいったいどこの山に登ってしまったのだ？ パルナスとは似てもつかぬ山、ぼくが、やがてその麓でくず折れてしまうあの山へ、きみは登って行ったらしい。ぼくにさよならも言わずに……。そしていったい何をたべたのだ？ 黒い病菌をか、弾丸をか？ それこそきみのロートレアモンの大海原の藻屑となったのか？ 待ってい給え。やがてぼくたちのすべてがみんなで出掛けてサバト底抜けの大酒盛りをしてあげるよ。そしてぼくのガラスの星のひとつもお土産に上げるよ。なるべく美しいひびの入ったやつを。

〔『ピエロタ』二巻七号
（特集＝栄光と悲惨のシュルレアリスト　冨士原清一詩集、一九七〇年九月）に掲載。
同時に鶴岡善久編
『冨士原清一詩集　魔法書或は我が祖先の宇宙学』（母岩社、一九七〇年九月）の
序文として転載された〕

冨士原清一年譜

一九〇八年（明治四一）　〇歳

一月一〇日、大阪府西成郡豊崎村大字本庄三五一番地（現在の大阪市北区本庄西三丁目九番街区）に、父清吉《せいきち》、母ツルの長男として誕生。清吉は富裕な地主で、地方自治や淀川左岸の治水事業に携わっていた。戸籍上の表記も「冨士原清一」の通り。

一九一四年（大正三）　六歳

四月、西成郡豊崎第一尋常高等小学校に入学（推定）。

一九二一年（大正一〇）　一三歳

十一月三日、妹、清子が誕生するが、翌十二月十五日に死去。

一九二二年（大正一一）　一四歳

四月、大阪府立北野中学校（現・北野高等学校）に入学。元々バンカラ気質だったのが中学時代のある時期、ヴァイオリンと出会ったことを機に、美に目覚める。

一九二五年（**大正一四**）　**一七歳**

七月、北野中学校校友会誌『六稜』六二号に「画家の夢」掲載。この頃、詩作を始める。また、同人誌活動を始めたものと思われる。

一九二六年（**大正一五／昭和元**）　**一八歳**

三月、北野中学四年修了。

九月、上京。法政大学予科に入学。

ある時期からアテネ・フランセに通う（当時の資料が現存しないため、在籍期間は不詳）。

十二月、詩誌『詩神』に詩を投稿、掲載される。

一九二七年（**昭和二**）　**一九歳**

三月、六月、詩誌『近代風景』に詩を投稿、掲載される。

七月、詩誌『列』創刊（編集兼発行人は大阪市北区老松町二丁目　伊藤カズオ、「同人に関する一切の要件」は東京市本郷区森川町一　須田方　冨士原清一）、刊行資金を提供したと思われる。『列』は創刊号以外の現存が確認されていない。創刊号の後記（清一執筆）によると「MRMR廃刊後今度平井、小野、西郷の三君を迎へて新らしい列をつくった」とあるが、『MRMR』の詳細については不明。

十一月、日本初のシュルレアリスム専門誌『薔薇・魔術・学説』創刊。誌名の正式な読み方は「しょうび・まじゅつ・がくせつ」である（一年二号「編輯後記」による）。『列』を改題・刷新するために清一と小野敏の二人が北園克衛に相談に訪れたことが創刊の契機となった（北園は小野敏ではなく山田一彦と回想しているが記憶違いか）。創刊号の編集人は橋本健吉（北園克衛）、冨士原清一、発行人、冨士原清一。発行所は東京市本郷区森川町一　須田方「列」社。創刊号の寄稿者は、清一のほか、イナガキタルホ（稲垣足穂）、上田敏雄、石野重道、小野敏、高木春男、橋本健吉（北園克衛）、田中啓介。印刷所は大阪市東成区鶴橋天王寺町五七八五、桃谷印刷株式会社。北園は表紙装画も担当。『薔薇・魔術・学説』の創刊に、雑誌『ゲエ・ギムギガム・プルルル・ギムゲム』（『GGPG』、一九二四～一九二六年）のメンバーであった北園、稲垣ら初期のダダイストが大きな役割を果したことは特筆に値するが、稲垣、石野、小野（『列』）、高木、田中は創刊号のみで去る。

十二月、『薔薇・魔術・学説』一年二号（通巻二号）刊。新たにメンバー二人が加わり、発行所は薔薇・魔術・学説・盟社となる（住所は本郷区森川町一のまま「羽鳥方」）。終刊までの同人は亞坂健吉（北園克衛）、上田保、上田敏雄、冨士原清一、山田一彦で固定され、印刷所も東京に変更。題字は『GGPG』の同人でデザイナーのパン・宇留川（宇留河泰呂）が書き換える。純粋にシュルレアリストの雑誌として編集されたのは一年二号からであり、主に北園が編集を担当し、清一が出資。

同月、アンソロジー『馥郁タル火夫ヨ Collection surréaliste』（大岡山書店）刊行。グループの中心は西脇順三郎。編集発行人は佐藤勝熊（朔）。出資者は冨士原清一。参加メンバーは上田保、佐藤勝熊（朔）、瀧口修造、中村喜久夫、西脇順三郎、三浦孝之助。一冊のみのアンソロジーで終わる。

鶴岡善久は、瀧口修造本人から「冨士原君が『馥郁タル火夫ヨ』に資金を出してくれたことを西脇さんがとても喜んでいた」、「冨士原君は自身が主宰する雑誌や『馥郁タル火夫ヨ』の他にも、当時出ていたさまざまな前衛雑誌に資金を出していた」と聞いている（編者による聞き書き）。

一九二八年（昭和三）　二〇歳

一月、『薔薇・魔術・学説』二年一号刊。表紙には「1928年型　上層文学装置」の標語、「芸術体系に於ける形而上学的反射面」の一文。この号には日本シュルレアリスム初のマニフェスト「A NOTE DECEMBER 1927」が本誌とは別刷りで挿入される（北園克衛、上田敏雄、上田保、三名の署名）。このマニフェストは英訳され、アンドレ・ブルトン、ルイ・アラゴン、ポール・エリュアール、アントナン・アルトーに送付された。

> A NOTE DECEMBER 1927／吾々はSURREALISMに於ての芸術欲望の発達あるひは知覚能力の発達を謳歌した吾々に洗礼が来た　知覚の制限を受けずに知覚を通して材料を持ち来る技術を受けた　吾々は摂理に依るPOETIC OPERATIONを人間から分離せられた状態に於て組み立てる　此の状態は吾々に技術に似た無関心の感覚を覚えさせる　吾々の対象性の限界を規するのにPOETIC SCIENTISTの状態に類似を感ずる　吾々は憂鬱でもなく快活でもない　人間であることを必要としない人間の感覚は適度に厳格で冷静である　吾々は吾々のPOETIC OPERATIONを組み立てる際に吾々に適合した昂奮を感じる　吾々はSURREALISMを継続する　吾々は飽和の徳を賛美する／Kitasono Katue／Ueda Toshio／Ueda Tamotu

二月、『薔薇・魔術・学説』二年二号（通巻四号）をもって終刊。表紙には「先験的図形」の標語、「人類は疲れてゐるいまは冒険のときである」とある。

五月、詩誌『拉典性民族』が創刊される。大阪の友人、星村銀一郎が主宰。発行所は、大阪府佐野町大将軍町八一四、星村方、拉典性民族商館。表紙装画は亜坂健吉（北園克衛）。創刊号は清一と星村の二人誌だが、のち上田敏雄、上田保、北園克衛、山田一彦が加わる。『拉典性民族』は『薔薇・

魔術・学説』のメンバーを継承する実質的な後継誌だった。創刊号の裏表紙には次のような文章が掲げられている。

わたし達は白痴的栄誉の下に拉典性民族を発兌する／わたし達は酒と共に快活であり幸福であり憂鬱であり不幸である／／もしもわたし達と共にあらんとする僚友――よ　速やかに郷〔卿〕のもつ金貨と名誉と脳髄をわが拉典性民族商館の扉に来たりて抛げよ！　それに代へてわたし達が贈る白痴的富貴栄誉脳髄に依りて白痴的頭脳を構成せよ／わたし達は鮮らしい朝と共に快活に憂鬱に昇天する　昇天する　昇天する

九月、春山行夫により雑誌『詩と詩論』が創刊される（発行人は岡本正一、発行所は厚生閣書店、一九三二年三月より『文学』と改題）。

この頃、東京市外中野谷戸二三六二に転居。近所に春山行夫が居住していた。

十一月、詩誌『衣裳の太陽』創刊。編集発行人、冨士原清一。発行所は東京市外中野谷戸二三六二、L・E・S社。表紙装画は北園克衛（五号からは写真に変更）。誌名は上田敏雄が命名。創刊より三号までは月刊。四号からは隔月刊となるが六号をもって終刊（一九二九年七月）。この雑誌は、上田敏雄の仲介により『馥郁タル火夫ヨ』と『薔薇・魔術・学説』、二つのグループのメンバーが合流する形で創刊された。創刊から四号までは題字の下に「L'EVOLUTION SURREALISTE」、五、六号は「超現実主義機関誌」と記されている。『衣裳の太陽』参加同人は、清一のほか、上田敏雄、上田保、北園克衛、佐藤格、佐藤直彦、ジャコブス・フィリップス（西脇順三郎のペンネーム）、瀧口修造、友谷静栄、中村喜久夫、三浦孝之助、山田一彦。東京でシュルレアリスムを標榜する詩人の大半がここに揃うことになった。清一、上田（敏）、瀧口、西脇らは毎号執筆し、アラゴンの詩や詩論も翻訳紹介された。清一は毎号仏語詩題の詩を書き継ぎ、瀧口は「仙人掌兄弟」「クレオパトラの娘の悪事」「花籠に充満せる人間の死」「ポール・エリュアールに」「MIROIR DE

MIROIR」など、後に代表作と評される詩を発表している。

清一から『衣裳の太陽』を送られた山中散生は、それをきっかけに急速にシュルレアリスムへと傾斜する。清一はそれが機縁となって山中が主宰する雑誌『Ciné』の寄稿者となる。


「瀧口修造・自筆年譜　一九二八（昭三）二五歳」より。

この年、上田敏雄、上田保、北園克衛、冨士原清一、山田一彦、三浦孝之助らで『衣裳の太陽』を発刊し、「シュルレアリスムの発展」と副題されるが、まだ『薔薇・魔術・学説』時代の調子が濃く残り私には不満であった。この初期のフォルマリスム的なシュルレアリスムにあきたらなかった私は最後までこだわる。編集発行人の冨士原とはかなり後まで交友がつづくが戦死。山田は当時異質ヴァイオレンスがあり注目していたが、いつからか音信不通となる。この年、次姉かをる上京、高円寺三丁目の小さな借家に共に住む。この頃、銀座で稲垣足穂に会い、また冨士原に誘われ巣鴨の自宅を訪ね、ほとんど無一物の部屋で一升瓶の冷酒のもてなしを受ける（裏のダンスホールのバンドが微かに振動してたことを憶えている）。


この年、瀧口修造が高円寺に転入。中野に住む清一とは徒歩交通圏となった。

この頃、アテネ・フランセには坂口安吾、中原中也が在籍した。

一九二九年（昭和四）　二一歳

四月、「日本超現実派の運動に関する　銀行家カンガルゥ氏よりの通信——産毛をつけた日本の詩人諸君に贈る」（『花卉幻想』一〇号）を発表。「銀行家カンガルゥ氏」とは、多くの雑誌に出資していた自分自身のことである。

五月、交際していた女性との間に、娘道子《みちこ》誕生（一九三六年に認知）。幼少期は叔母の元で養育され、後に母ツルと同居する。

同月、『Ciné』三号に「DÉCOUVERTE DES PATTES DU SPHINX en 1926」（ジャン・コクトオ）を寄稿。

七月、『衣裳の太陽』は六号をもって終刊。発行所は「東京市外中野谷戸二四一二」に変更されており、清一は前号発刊の四月からこの月までの間に転居したと思われる。

> 「瀧口修造・自筆年譜」一九二九（昭四）二六歳」より。
> たしか「衣裳の太陽」は第二年七月号あたりで終刊となる（未確認）。同人間に早くも危機が来ていた。その状況を一言でつくすことは不可能であるが、シュルレアリスムの観念的規定と芸術のそれとの奇異な混合、あるいは私の考えていた現実と超現実の関係の認識の困難さ……。同人の誰々であったか忘れたが夜を徹し野宿しながら議論する。その翌日、私はグループを脱退すると上田敏雄に書き送るが、それはありえないし不可能なことだという意味の返事がくる。翌一月に発刊した「シュルレアリスム・アンテルナショナル」（編集発行人冨士原清一）は私が主唱したのだが、結局一冊のアンソロジーとして終る。夏、西脇順三郎の「超現実主義詩論」の校正編集を手伝う。

この頃、友人の見舞いに訪れた清瀬の結核療養所で看護師をしていた武田ノブと出会い、同棲を始める。

一九三〇年（昭和五）　二二歳

一月、詩誌『LE SURRÉALISME INTERNATIONAL』創刊（一号のみで終刊）。主唱したのは瀧口修造。編集発行人、冨士原清一。発行所、東京市外中野谷戸二四一二、冨士原清一方。仏蘭西書院が一手に販売。参加メンバーは清一のほか、瀧口修造、上田敏雄、上田保、北園克衛、佐藤直彦、原研吉、三浦孝之助、山田一彦。清一は巻頭詩「apparition」を、瀧口は「実験室における太陽氏への公開状（Ⅱ）」を発表。表紙下方には「1930. JAPON」と記載されており、実現はしなかったが外国語版の刊行による国際交流が目論まれていた。

同月、美術雑誌『アトリヱ』七巻一号が「一月特輯＝超現実主義研究号」を企画。シュルレアリスムが日本の美術界に波及し始める。

三月、二年にわたって書き継がれてきた詩群のポエジーを集積した、巨大なタブローのような詩「魔法書或は我が祖先の宇宙学」を『詩と詩論』第七冊に発表。以後、一九三三年六月までの三年三ヶ月、詩の発表は途絶する。

四月十三日、父富士原清吉、食道癌にて死去。西成郡豊崎町長、大阪府会議員などを歴任。多年にわたる地方自治への功労で大阪府知事から表彰され（年月不詳）、淀川左岸の治水事業にも尽力した（『大阪時事新報』昭和五年四月十五日朝刊）。清吉の没後に複数人の連帯保証人になっていたことが発覚し、家産を失う。その後、母ツルは自身の出生地である北河内郡大和田村（現門真市）に隣接する北河内郡守口町（現守口市）で質屋を開業、以後ここが帰省先となる。

後に清一の妻となる武田ノブは大阪市の実家まで挨拶に訪れるが、結婚を反対される。なお、ノブとの間には娘理《さとり》が第一子として誕生するが、ノブの養父武田三助の養女として、実家のある秋田県北秋田郡二井田村（現大館市）で養育される（幼くして亡するが生没年未詳）。

五月、瀧口が転居。同じ頃、清一も中央線沿線を去り、二人は同じ東京市牛込区牛込横寺町に住む。

> 「瀧口修造・自筆年譜」一九三〇（昭五）二七歳より
>
> 五月姉かをる、陸軍大尉野津敏（歩兵第三連隊）と再婚するについて、高円寺を去り、牛込横寺町の小アパートといっても小さな洋食屋の油臭い二階の貸し間に移る（市営食堂の前）。主にここでブルトンの「超現実主義と絵画」を訳す。同じ横丁の抱月、須磨子の史

蹟である古色蒼然としたアパート「芸術倶楽部」に法政大の仏文科にいた冨士原清一が、またその筋向かいに原研吉がいた（のち大船監督）。河田町に住む佐藤朔ともしばしば神楽坂で会う。私は毎日の食費にも困ることが多く、小川書店に一冊の本を売っては市営食堂へ走る。冨士原の妻君は一時バーの女給をしていたが、その帰宅を待ち一椀のラーメンにありつくこともしばしば。冨士原は飲むと神楽坂で暴れ、私はきまって介抱役となる。彼は私を守護天使と呼んだ。朝、眼が覚めると微熱を感じ大学の西脇教授の教室にかようのも苦痛を感じる。


六月、アンドレ・ブルトン／瀧口修造訳『超現実主義と絵画』（現代の芸術と批評叢書、厚生閣書店）刊行。シュルレアリスムに関心をもつ美術家たちに広く読まれる。

九月、一九二七年にブルトン、ペレ、アラゴン、エリュアール、ユニックの五人が共産党に集団入党した際のステイトメント「非〔ママ〕　主義超現実主義者達に与ふ」を訳出（『詩と詩論』九冊）。

一九三一年（昭和六）　二三歳

三月、法政大学予科修了。

四月、法政大学法文学部文学科（仏蘭西文学専攻）に進学する。指導教官は豊島与志雄。

六月、雑誌『青い馬』二号に訳詩「dada 宣言」（トリスタン・ツァラ）を寄稿する。

七月、『青い馬』三号に訳詩「宇宙・孤独」（ポオル・エリュアル）を寄稿。

九月、満洲事変勃発。

一九三二年（昭和七）　二四歳

十二月、同時代のパリの前衛絵画を紹介する「巴里東京新興美術展」開催（東京府美術館）。うち、シュルレアリストの作品は、エルンスト、タンギー、マン・レイ、デ・キリコ、ミロ、マッソンら十五名三十一点。

一九三三年（昭和八）　二五歳

六月、『文学』六冊に詩「成立」を発表。

この年の二月に小林多喜二が虐殺されるなど、翌年にかけてプロレタリア文学団体、作家への弾圧が苛烈化する。

一九三四年（昭和九）　二六歳

三月、法政大学を卒業。卒業後は大阪に帰る。

七月、『HOMMAGE A PAUL ELUARD』（『Étoile de Mer　海盤車』特別編輯、三巻十四号）に訳詩「ポオル・エリュアール」（ルネ・シャアル）を寄稿。『Étoile de Mer　海盤車』は神戸の詩人・麻生正を編集発行人とする詩誌だが、この号に限りエリュアールと交流していた山中散生編による特別号となっている。山中による「編輯後記」に、発行部数の大部分は「巴里在住の超現実主義者諸君に贈る他、巴里の書店にても発売する」とあるように国際交流が目論まれた。目次は英語と仏語で書かれ、西脇順三郎と北園克衛が英語詩を、山中が仏語詩を寄稿している。

この年から翌年にかけてロートレアモン *Poésies I*、フィリップ・スーポー *Baudelaire* の訳業が雑誌に発表され、それぞれボン書店から単行本として刊行予告が出るものの、未刊に終わる。

一九三五年（昭和一〇）　二七歳

二月、『詩学』八号に詩「襤褸」を発表。これを最後に自作詩の発表は途絶する。以後、詩は『襤褸』と題するノートに書き綴るものの、発表は控えられる（ノートは現存せず）。

六月一日、武田ノブとの間に長男一貴《かずよし》誕生。ノブとの入籍時（一九三八年二月七日）に出生を届け出た。出生地は大阪府北河内郡守口町大字守口一四一番地。

一九三六年（昭和一一）　二八歳

十月、『L'ÉCHANGE SURRÉALISTE』（ボン書店）に訳詩「詩六篇」（ジゼエル・プラシノス）を寄稿。十四歳でブルトンらに見出されてシュルレアリスム運動に参加したプラシノスの初訳である。プラシノスは発行当時十六歳の少女だった。同誌はシュルレアリスムの国際交流という流れの中で山中散生がブルトンやエリュアールと文通、相談しながら企画・編集したものである。

この頃、「不死原唯一」という変名で大阪市役所に勤務する。部署、身分、職務内容などは不詳。

一九三七年（昭和一二）　二九歳

五月、大阪市役所を退職（大阪市役所「退職者履歴書　自昭和十二年一月至昭和十二年六月」）。その後、東京に戻る。

六月、山中散生と瀧口修造がエリュアールやユニェらと共同で企画した「海外超現実主義作品展」が開催される。銀座の日本サロンを皮切りに、七月までに京都・大阪・名古屋・福井を巡回。実物、写真複製等約三七〇点が展示された。

七月七日、盧溝橋事件勃発。

この頃、法政大学仏文専攻の同窓だった齋藤磯雄の近縁者が銀座で経営する海外古書専門店「海潮社」で店番のアルバイトをする。店主が晩飯に酒を必ず一本つけてくれることを感謝したという。

この年のある時期、友人の春山行夫の紹介で第一書房編輯部に就職。出版広告の仕事などに従事する。

春山は厚生閣書店で雑誌『詩と詩論』や《現代の芸術と批評叢書》の編集をはじめとする実績を重ねた後、第一書房で月刊総合誌『セルパン』の編集長を務めていた。

この年、モダニズム／シュルレアリスム芸術運動にピークが訪れるが、以後、時局の悪化に伴い急激に終熄してゆく。

一九三八年（昭和一三）　三〇歳

二月七日、武田ノブと入籍。

二月、『三田文学』一三巻二号「フランス文学特輯」に、「耐へる」など訳詩五篇からなる「ポオル・エリュアール詩抄」を寄稿。これを最後に訳詩の発表も途絶する。なお、本特輯には瀧口修造がアンドレ・ブルトン「美は痙攣的であるだらう」の翻訳を寄稿している。

三月、編纂を手伝っていた丸山順太郎編『コンサイス仏和辞典』（三省堂出版）が刊行される。

四月、シュルレアリスムを基調に美術と文学の交流を旨とする団体「エコール・ド・東京」、弾圧に耐えきれず自主解散。

十二月十五日、長女知子《ともこ》誕生。出生届の住所は、東京市世田谷区太子堂町四五九番地（ここが終の棲家となる）。

一九四〇年（昭和一五）　三二歳

三月、神戸詩人事件。詩誌『神戸詩人』のメンバー約二〇人が治安維持法違反の容疑で特別高等警察（以下、特高）に逮捕される。

九月、北園克衛、特高の取り調べを受け、翌十月には北園主宰の『VOU』が休刊を宣言する。

十月、第一書房が翼賛体制へと方針転換し、春山行夫が『セルパン』編集長を更迭される。

十二月、北園とVOUクラブ、誌名を『VOU』から『新技術』に改称して続刊。

一九四一年（昭和一六）　三三歳

四月、瀧口修造と福沢一郎、治安維持法違反の容疑で特高に逮捕される（拘留は八カ月におよぶ）。

十二月八日、真珠湾攻撃、「大東亜戦争」勃発。

一九四二年（昭和一七）　三四歳

五月五日、次男慧二《けいじ》誕生。

この年、第一書房を退職か。その後、斎藤書店に転職したというが時期や在籍期間などは不詳。清一の転職は春山行夫が『セルパン』編集長を更迭され、退職したことと無関係ではないだろう。清一は第一書房在籍時、詩人であることを親しい同僚にも隠していたという。そのなかで春山は清一宅を頻繁に訪問するなど、親しい交わりがあった。

同年、太平洋協会調査局に転職（時期不詳）。同協会代表の平野義太郎もアテネ・フランセに在籍していたことがある。

一九四三年（昭和一八）　三五歳

七月、翻訳ではあるが清一個人の名を冠した初の単行本、ヴァンサン・ダンディ『ベートーヴェン』刊行（新太陽社、五〇〇〇部）。なお、新太陽社の所在地は勤務先の太平洋協会と同じ東京市麹町区内幸町だった。昭和モダニズムを標榜する大衆娯楽雑誌『モダン日本』（菊池寛主宰、一九三〇年の創刊時は文藝春秋社発行）をモダン日本社から引き継いだ出版社である（一九四三年〜終戦まで誌名を『新太陽』と改名）。

九月、セニョボス／冨士原清一訳『叙述的物語的　ギリシヤ史』（上巻）が刊行される（新太陽社、三〇〇〇部）。下巻は刊行されなかった。

この頃、官憲による自宅への巡視が定期的に行なわれる。

一九四四年（昭和一九）　三六歳

九月十八日、没。清一は徴兵検査では丙種であったにもかかわらず召集され、神戸港から出征。朝鮮へと航行中の輸送船の船艙で任務に当たっていたところ、魚雷攻撃を受けて絶命したという。船は沈没。戸籍には、「九月拾八日午後九時五拾五分　朝鮮木浦沖海上ニ於テ戦死　中部第二十二部隊長今田俊夫報告　昭和貳拾年八月拾六日受付」とある。

十一月、個人名義での最初の単著『ニューヘブリディーズ諸島』（太平洋協会編、日本評論社）が刊行される。太平洋協会は地域研究を旨とする国策調査研究機関であるため、代表平野義太郎の序文は時局に迎合した文体ではあるが、清一の叙述はニューヘブリディーズ諸島の学術的客観的な民族誌もしくは地誌となっている。現地での取材はなく、欧文文献を元に執筆された。

一九四五年（昭和二〇）　没後一年

春、家族に訃報が届く。同じ時期に召集され、同じ部隊に配属、同船していた親類筋の青年が生還して最期の様子が母ツルに伝えられた。同春葬儀が執り行なわれ、文士や画家、友人らが多数参列。法名は暎功院釋慈海。二〇一八年現在、墓所は東京秋田霊園（東京都八王子市寺田町一三五四）、四区一〇側五番にある。骨壺には家族に充てられた葉書が収められた。

一九四八年（昭和二三）　没後四年

十月、高橋新吉が回想「詩論（五）　冨士原清一のこと」を執筆（本書附録）。

一九六二年（昭和三七）　没後一八年

九月、『詩学』一七巻八号（詩学社）が「シュルレアリスム La Poésie du Surréalisme」を特集。詩「成立」を抄録。

一九六六年（昭和四一）　没後二二年

六月、鶴岡善久『日本超現実主義詩論』（思潮社）刊行。「暗い時代のシュルレアリスムあるいは危機意識――冨士原清一・楠田一郎・森川義信」が収録される。

一九七〇年（昭和四五）　没後二六年

五月、詩と芸術の総合誌『ぴえろた』二巻三号が「シュールレアリスム」を特集する。鶴岡善久によって清一の詩と思想が紹介され、肖像写真が掲載される。この写真は、鶴岡が新聞の尋ね人欄に出した「戦前、詩を書いていた冨士原清一を知る人はいませんか？」との三行広告に即座に応答した旧第一書房の元同僚から譲られたものだという（一九四〇年頃に第一書房の社員旅行で訪れた群馬県水上温泉にて撮影)。この写真から瀧口修造によって複製が作られている(慶應義塾大学アートセンター蔵)。

九月、『ピエロタ(「ぴえろた」から表記変更)』二巻七号が刊行される。特集は「栄光と悲惨のシュルレアリスト　冨士原清一詩集」(鶴岡善久編)。詩一六篇と瀧口修造による序文(本書附録)および鶴岡による評論「いま開いた鏡の底の……冨士原清一試論」が収録され、清一再評価に先鞭を付けた(鶴岡の論考は『シュルレアリスムの発見』湯川書房、一九七九年に再録)。同月、『ピエロタ』収録作品に二篇の詩を加えた限定一〇〇部の愛蔵版として、『冨士原清一詩集　魔法書或は我が祖先の宇宙学』(鶴岡善久編、母岩社)が刊行される(深沢幸雄のエッチング一葉封入)。

二〇〇三年(平成一五)　没後五九年

五月、鶴岡善久編『現代詩文庫特集版　モダニズム詩集Ⅰ』(思潮社)刊行。詩一〇篇が収録される。

参考文献

高橋新吉「詩論(五)　冨士原清一のこと」(『炉』一二一号、一九四八年十月。のち『詩と禅』宝文館出版、一九六九年)

瀧口修造「冨士原清一に――地上のきみの守護天使より」(鶴岡善久編『冨士原清一詩集　魔法書或は我が祖先の宇宙学』序文、母岩社、一九七〇年九月)

北園克衛「『薔薇魔術学説』の回想」(同誌復刻版付録、西澤書店、一九七七年)

瀧口修造「自筆年譜」(『新装版現代詩読本　瀧口修造』思潮社、一九八五年。のち『コレクション瀧口修

造』第一巻、みすず書房、一九九一年）
佐藤朔「銀座の海外古書専門店」（『流域』一九号、一九八六年七月）
澤正宏「超現実主義の水脈」（澤正宏＋和田博文編『日本のシュールレアリスム』所収、世界思想社、一九九五年）
鶴岡善久「冨士原清一論――超現実から危機意識へ」（澤正宏＋和田博文編『日本のシュールレアリスム』所収、世界思想社、一九九五年。のち鶴岡『危機と飛翔』沖積舎、一九九六年に再録）
現代詩誌総覧編集委員会『現代詩誌総覧④　レスプリ・ヌーボーの展開』（日外アソシエーツ、一九九六年）
和田博文編『コレクション・日本シュールレアリスム⑮　シュールレアリスム基本資料集成』（本の友社、二〇〇一年）
関井光男「アテネ・フランセと安吾」（『文學界』二〇〇五年十月号「特集＝二〇〇五年の坂口安吾」）
長谷川郁夫『美酒と革嚢――第一書房・長谷川巳之吉』（河出書房新社、二〇〇六年）
内堀弘『ボン書店の幻――モダニズム出版社の光と影』（ちくま文庫、二〇〇八年。初版＝白地社、一九九二年）
黒沢義輝「山中散生年譜」「解説」（黒沢編『山中散生全詩集』所収、沖積舎、二〇一〇年）
加藤仁「戦前のアヴァンギャルド詩誌と北園克衛」（『アイデア』三六四号「特集＝北園克衛の詩と造型」所収、二〇一四年五月）
『法政大学史資料集　第十四集（法政大学歴代教員名簿　自明治十三年　至　昭和十八年）』（法政大学、一九九一年）

＊　本年譜の作成にあたっては、遠山知子、遠山健夫、鶴岡善久、中野もえぎ各氏の協力を得た。

（京谷裕彰編）

底本および解題

以下、本書に収録した各作品の底本を示す。

『冨士原清一詩集　魔法書或は我が祖先の宇宙学』（母岩社、一九七〇年）に収められた作品には#を、『現代詩文庫特集版　モダニズム詩集Ｉ』（思潮社、二〇〇三年）収録作品については§を附したが、校異については略す。

「附録」として収録したダンディ『ベートーヴェン』巻末「訳者の言葉」については稿末に記載する。

詩文集

画家の夢　北野中学校校友会誌『六稜』六二号、一九二五年七月。
二階より　北野中学校校友会誌『六稜』六三号、一九二六年二月。
祭礼小景（二篇）　北野中学校校友会誌『六稜』六三号、一九二六年二月。
帽子　北野中学校校友会誌『六稜』六三号、一九二六年二月。
断章　『詩神』二巻十二号、一九二六年十二月。掲載誌の著者名表記は「冨士原清」。
衣すれ　『近代風景』二巻三号、一九二七年三月。

めらんこりつく　『近代風景』二巻五号、一九二七年六月。＃§

オリムピヤ・エロテイク　『列』一巻一号、一九二七年七月。

CAPRICCIO　『薔薇・魔術・学説』十一月号（一年一号）、一九二七年十一月。

＃§

マダム・ブランシュ　『薔薇・魔術・学説』一年二号、一九二七年十二月。

Salutation　「発行人後記」、『薔薇・魔術・学説』一年二号、一九二七年十二月。掲載誌上の著者名表記は「SeichI」。

稀薄な窓　『薔薇・魔術・学説』二年一号、一九二八年一月。初出タイトルは「稀な薄窓」となっており従来それが踏襲されてきたが、二年二号の「編輯後記」で誤植として訂正されているため、本書でもそれに準じている。＃§

人間空間の歴史　『薔薇・魔術・学説』二年二号、一九二八年二月。掲載誌上の著者名表記は「Seiichi Fujiwara」。

突然なる頸　『拉典性民族』一号、一九二八年五月。

水あるひは理由なきマグネツシヤ　『拉典性民族』一号、一九二八年五月。

夢の装置　『拉典性民族』一号、一九二八年五月。

招待　『関西文芸』四巻六号、一九二八年六月。

LA SOIE OU LA PETITE PYRAMIDE　『拉典性民族』三号、一九二八年七月。掲載誌上の著者名表記は「SEIICHI FUJIWARA」。

悪い夢の後の怠惰な椅子の上の名誉　『拉典性民族』三号、一九二八年七月。

BAISER OU TUER　『衣裳の太陽』一号、一九二八年十一月。＃

ACTRICE TYPIQUE　『衣裳の太陽』一号、一九二八年十一月。＃

SECRET DE L'ACTEUR　『衣裳の太陽』一号、一九二八年十一月。＃

DUO NOSTALGIQUE　『衣裳の太陽』二号、一九二八年十二月。掲載誌上の著者

名表記は「FUJIWARA SEIICHI」。#
DUO DÉCORÉ　『衣裳の太陽』二号、一九二八年十二月。掲載誌上の著者名表記は「FUJIWARA SEIICHI」。#
UN ENNUI INFINI　『衣裳の太陽』二号、一九二八年十二月。掲載誌上の著者名表記は「FUJIWARA SEIICHI」。#
LE GESTE PERPÉTUEL　『ドノゴトンカ』二巻一号、一九二九年一月。
FILS D'APOLLON　『ドノゴトンカ』二巻一号、一九二九年一月。
APOLLON?　『ドノゴトンカ』二巻一号、一九二九年一月。
CONFESSION?　『ドノゴトンカ』二巻一号、一九二九年一月。
EST-CE MUSE?　『衣裳の太陽』三号、一九二九年一月。#
LE CERVEAU ET LE SOIR MUSICAL　『衣裳の太陽』三号、一九二九年一月。#
LE TIROIR DU POÈTE　『衣裳の太陽』四号、一九二九年二月。#
OPÉRATION POÉTIQUE　『花卉幻想』一九二九年三月号（通巻九号）。
DÉPART DU POÈTE　『花卉幻想』一九二九年三月号（通巻九号）。
BAVARDAGE DU COQ　『衣裳の太陽』五号、一九二九年四月。
日本超現実派の運動に関する　銀行家カンガルウ氏よりの通信——産毛をつけた日本の詩人諸君に贈る　『花卉幻想』一九二九年四月号（通巻十号）。
THÉATRE DANGEREUX　『ドノゴトンカ』二巻五号、一九二九年五月。
わが生活レビュー（一）　『詩神』五巻五号、一九二九年五月。寄稿者アンケートに寄せた一文。
THÉATRE MERVEILLEUX　『詩神』五巻六号、一九二九年六月。
POÈME DE POÈTE DE TROIS ANS　『衣裳の太陽』六号、一九二九年七月。
『恋の黄昏』の読後に　『詩神』五巻七号、一九二九年七月。田中清一『恋の黄昏』

は一九二八年九月、詩神社刊。

最近詩壇に望みたき事(一)　『詩神』五巻七号、一九二九年七月。寄稿者アンケート
　に寄せた一文。

『仮説の運動』へ反射する　『詩と詩論』五冊、一九二九年九月。

apparition　『LE SURRÉALISME INTERNATIONAL』一号、一九三〇年一月。#§

LE PIÈGE DE LA POÉSIE　『詩神』六巻三号、一九三〇年三月。

魔法書或は我が祖先の宇宙学　『詩と詩論』七冊、一九三〇年三月。#§

詩に対する態度　『新文学研究』一輯、一九三一年一月。北園克衛のエッセイ
「L'EVOLUTION SURREALISTE（日本に於けるシュル・レアリスムの歴史）」に引
用された「詩に対する態度」という諸家へのアンケートより。ほかに、瀧口修造、
佐藤直彦、山田一彦、原研吉、上田敏雄が回答している。

成立　『文学』六冊、一九三三年六月。#§

襤褸　『苑』一冊、一九三四年一月。本書に附録として収録した高橋新吉の回想に
よれば、「襤褸」と題する詩群は約三十篇あったとされるが、これまで発表され確
認できたのは本書所収の作品のみである。#§

襤褸　『苑』二冊、一九三四年四月。#§

襤褸　『詩法』四号、一九三四年十一月。#§

夏の通信　『詩法』一三号、一九三五年九月。山中散生、春山行夫が「名古屋にて」、
竹中郁が「奈良にて」などを寄せている短文の一つ。

襤褸　ボン書店版『詩学』八号、一九三五年十二月。§

ポオル・エリュアール　『新領土』二巻九号、一九三八年一月。特集記事「海外現
代詩人論」より。

DÉCOUVERTE DES PATTES DU SPHINX（ジャン・コクトオ）　『Ciné』三号、一九二九年五月

J'RAI VEUX-TU（バンジャマン・ペレエ）　『衣裳の太陽』六号、一九二九年七月。

ポオル・エリュアル詩抄　『詩と詩論』六冊、一九二九年十二月。うち「PETIT JUSTE」は『Ciné』四号（一九二九年七月）所収稿を改稿。「A COTE」「UNIQUE」「PARFAIT」の三篇は『Ciné』五号（一九二九年十月）所収稿を改稿したものである。

PORTE OUVERTE（ポオル・エリュアル）　『Ciné』五号、一九二九年十月。

非《ママ》　主義超現実主義者達に与ふ（ブルトン＋ペレ＋アラゴン＋エリュアル＋ユニック）　『詩と詩論』九冊、一九三〇年九月。一九二七年に原執筆者の五人が揃って共産党に入党した際のマニフェスト。タイトルの二字アキが「共産」であることは言うまでもない。

農夫の夢想（ルイ・アラゴン）　『新文学研究』二輯、一九三一年四月）。Louis Aragon, *Le paysan de Paris*, 1926 のエピローグ "Le songe du paysan" の部分訳。

dada宣言（トリスタン・ツアラ）　『青い馬』二号、一九三一年六月。Tristan Tzara, *Sept manifestes Dada*, 1924 より、"Dada manifeste sur l'amour faible et l'amour amer"（弱い愛と苦い愛についてのダダ宣言）の抄訳。原文は一九二〇年一二月、パリのポヴォロツキー画廊で開催されたフランシス・ピカビア展にて発表された。

宇宙・孤独（ポオル・エリュアル）　『青い馬』三号、一九三一年七月。

今日風の格言（ポオル・エリュアル＋バンジャマン・ペレ）　紀伊國屋書店版

『L'ESPRIT NOUVEAU』六号、一九三一年七月。

ポオル（ママ）エリュアール（ルネ・シャアル）　『Étoile de Mer 海盤車』三巻一四号（特別編輯「HOMMAGE A PAUL ELUARD」）、一九三四年七月。

詩論（ロオトレアモン）　『詩法』一号、一九三四年八月。Isidore Ducasse (Le Comte de Lautréamont), *Poésies I*, 1870 の日本語による初の完訳。ボン書店より刊行予告が出るものの未刊に終わっている。なお、本書では原註の体裁を脚註から後註に変更した。冒頭に置かれた一節は、「一八七〇年三月十二日の手紙」ではなく、原文のエピグラフである。

ボオドレエル論（フィリップ・スウポオ）　Philippe Soupault, *Baudelaire*, 1931 の翻訳としてボン書店より刊行予告が出るものの未完／未刊に終わる。本書では『ボオドレエル論』のタイトルの元に発表順に一括収録した。各章の底本は以下の通り。「ボオドレエルとその時代」（第三次『椎の木』三巻四号、一九三四年四月）、「美学者としてのボオドレエル」（ボン書店版『L'ESPRIT NOUVEAU』一冊、一九三四年十一月）、「美学者としてのボオドレエル（続稿）」（ボン書店版『L'ESPRIT NOUVEAU』二冊、一九三四年十二月）、「詩人としてのボオドレエル」（『詩法』十三号、一九三五年九月）。なお、原書 Philippe Soupault, *Baudelaire*, Les Éditions Rieder, 1931 の目次は以下の通りである。Préliminaires, Vie et attitude, Baudelaire et son temps, Le poète, L'esthéticien, Baudelaire en face de lui-même, L'influence, Bibliographie, Table des planches.

憂欝（シャルル・ボオドレエル）　『蠟人形』七巻五号、一九三六年五月。

詩六篇（ジゼエル・プラシノス）　『L'ÉCHANGE SURRÉALISTE』山中散生編、一九三六年十月。

映像（ポオル・エリュアル）　『蠟人形』八巻五号、一九三七年五月。紀伊國屋書店版『L'ESPRIT NOUVEAU』五号（一九三一年三月）に掲載された「観念のごとく」を改稿したもの。

讃歌（ルイ・アラゴン）　『新領土』一巻五号、一九三七年九月。

ポオル・エリュアール詩抄　『三田文学』十三巻二号「フランス文学特輯」、一九三八年二月。

編者あとがき

冨士原清一は、戦前の日本シュルレアリスム運動の中心にいた詩人である。それも受容から展開への要の時期に、極めて重要な仕事を遺した。にもかかわらず、生前には自身の名を冠した詩集を一冊も出さないまま太平洋戦争に徴兵され、三十六歳の若さで世を去った。それゆえ、戦後いくつも編まれたアンソロジー等にその作品が収録されることもほとんどなく、直接彼を知る人々が存命していた時代にあってすら、発行部数の少ない掲載誌の散佚などによって、作品に触れることが困難な「幻の詩人」だった。

ようやく冨士原清一の個人詩集が鶴岡善久氏の尽力によって編まれたのは、戦後も四半世紀を経た一九七〇年のことだ。これまでにもたらされた十九の作品が読者を魅了してやまないまま歳月が流れ、二十一世紀のいまにいたる。

本書は、詩人の早すぎる晩年に刊行された三冊の地誌や伝記などの単行本を除き、現在発見され確認されているほぼすべての文業を集成し、シュルレアリスム運動における詩人の役割と謎に包まれていた生涯を解き明かすものである。自作詩だけでも四十七篇が集まり、その劈頭には、今回見つかった北野中学在学中の詩篇を配している。

*

二〇一七年、編者としてこの仕事に着手すると、転がるように作業が進捗していったのだが、資料調査、蒐集、精読、その研究が進むにつれて、詩人の突出した個性と魅力的な人柄が浮かびあがってきた。繊細さと豪胆さ、冷と熱。それら対極的な性質を併せ持った詩人の実像が、横断し、交わり、縁を結ぶなどして、生前から多くの表現者たちを触発したことが、その足跡からはうかがわれる。しかし、年を経るにしたがってますます寡作になり、暗い時代にあっては発表を控え、いつか訪れる夜明けを待ちながら、翻訳作業に専念することになっていった。それは詩人自らが選び取った姿勢や役割、見えていたもの、それゆえ否応なくつきまとう葛藤によるものでもあったのだろう。そんな抜き差しならぬ葛藤が、十七歳、最初期の著作においてすでに表明されていたことは大変興味深い。

「――そうだ、虚勢に違ひない。併しこの虚勢は極めて自然な、そして矛盾を許さるべきものだ。即ちこれが人間の世の大きい矛盾であつて矛盾と見なし得ないものだ。即ち虚勢であつて虚勢ではないのだ。／――俺は尊い犠牲を払つた。而して俺は今その美しい美の極致に接する空間を持つて居る。その美の極致の空間を！／――併し俺は作品を生む力を失つてしまつた。勿論これは悲しむべき事実である。併しその作品を生むことよりもその美に眩惑され切つた瞬間こそ俺達は真実の意味の画家であり詩人であり芸術家であるのだ」（「画家の夢」）。

書かれなくとも発表されなくとも存在する詩を、彼は生きたのだ。だからこそ、書かれ、発表された詩はひときわ輝きを放つ。本書に収められた詩文を通じて、視野の広さとともに、いっけんエキセントリックな装いの向こうにある崇高な精神を窺い知ることができるだろう。

しかし、明かしえぬ謎は明かしえぬままにある。未だ調査の及んでいない領域も大きく、著作資料の探索も継続している。したがって本書は暫定的な形であるにすぎず、年譜に収めきれなかった伝記的事実の数々やこれから始まる作家論や作品論については、今後折に触れて発表してゆきたいと思っている。

また、本文の校訂や年譜作成には細心の注意を払ったが、思わぬ間違いがあるかもしれない。読者各位からのご叱正を頂戴できれば幸いである。

本書のタイトルは、詩人が主宰した雑誌『LE SURRÉALISME INTERNATIONAL』に発表した「apparition」より採った。apparition とは、「出現」「幻影」「霊魂」など多様なニュアンスをもつフランス語だが、その味わいはきわめて奥深い。二〇一八年は奇しくも冨士原清一生誕一一〇年。二十一世紀における詩人の復活を象徴するものではないかと考えている。

＊

ここにお名前を記すことができないほど多くの方々のお力添えによって本書は成ったが、とりわけ詩人の長女遠山知子氏、孫遠山健夫氏には格別のご高配を賜った。ご遺族との連絡を諦めかけていた矢先、編者が関西シュルレアリスム研究会の席上で口頭発表するとの情報をインターネットによって知った健夫さんから会に連絡があり、二〇一八年四月十四日、おふたりにも同席いただけたことは、奇蹟的な力が働いたとしか思えない僥倖であった。そうして編集作業の行き詰まりが打開され、一気に進展した。知子さんからの聞き書きをもとに中之島図書館や大阪市公文書館などで資料を渉猟したり、発見があるごとに密に連絡を取り合ったり、意見交換を通じて詩人の事蹟を確定したりする営みは、緊張と驚きとよろこびとが綯い交ぜの、このうえもなくたのしい時間であった。収録したトレンチコートの肖像は、詩人の妻冨士原ノブさんと知子さんが大切にしていたお写真である。

冨士原清一研究の先達である鶴岡善久氏からはこの仕事への激励を賜り、お身体が不自由ななか、編者のぶしつけな問い合わせや訪問にも快く応対していただいた。また、書名をすべて挙げることは差し控えるが、『コレクション・都市モダニズム詩誌』（ゆまに書房）、『現代詩 1920-1944 モダニズム詩誌作品要覧』（日外アソシエーツ）など、長年の尽力によって整備された先行研究からも大きな助けを得た。

北野中学在学中の詩篇の発見については、大阪府立北野高等学校六稜同窓会事務局長・笹川忠士氏のご協力の賜物である。

稀覯誌『列』、『拉典性民族』、『花卉幻想』、『詩学』、『関西文芸』、『新文学研究』掲載作品を、とくに本書のためにご提供くださった加藤仁氏、そして早くからご自身でも研究されてきた中野もえぎ氏には、ひとかたならぬお力添えをいただいた。おふたりが探索し蒐集された資料や情報には、本書を編むにあたって大きく助けられた。

最後に、共和国の下平尾直さんからは、この稀有な詩人の著作をいつかまとめたいという編者の密やかな願望を見透かすかのように、形を与えていただいた。

以上のみなさまに、そして冨士原清一の御霊に、深甚なる感謝の意を表します。

京谷裕彰

二〇一八年八月

冨士原清一 FUJIWARA Seiichi

一九〇八年、大阪に生まれ、一九四四年、朝鮮木浦沖海域にて没する。詩人、翻訳家、シュルレアリスト。法政大学法文学部卒業。同大予科に在学中から先鋭的な詩作、翻訳、主宰詩誌によって注目され、瀧口修造らとともに日本のシュルレアリスム運動の中心的な役割を担う。

著書に、

『ニューヘブリディーズ諸島』（日本評論社、一九四四）、

『冨士原清一詩集　魔法書或は我が祖先の宇宙学』（没後刊、鶴岡善久編、母岩社、一九七〇）、

訳書に、

ダンディ『ベートーヴェン』、

セニョボス『叙述的物語的ギリシヤ史』（上巻。下巻未刊。いずれも新太陽社、一九四三）がある。

京谷裕彰 KYOTANI Hiroaki

一九七二年、兵庫県に生まれる。詩人、批評家。詩誌『紫陽』編集発行人（二〇〇三―一一）、詩誌『エウメニデス』同人。論考に、「詩、そして形而上学。」（『現代詩手帖』二〇一八年二―三月号）、「戦前期日本のシュルレアリスム、モダニズム、その表象の問題」（『詩と思想』二〇一八年三月）などがあるほか、展覧会「私、他者、世界、生」（コンテンポラリーアートギャラリーZone、二〇一六）のキュレーターを務める。

一、上製本六拾六部ヲ記番刊行シ版元直販トスル
一、上製本六百部ヲ市販用初版トシテ無記番ニテ
書肆ニ託ス

薔薇色のアパリシオン　冨士原清一詩文集成　二〇一九年九月一八日初版発行　著者冨士原清一　編者京谷裕彰
発行者下平尾直　発行所株式会社共和国　東京都東久留米市本町三-九-一-五〇三　郵便番号二〇三-〇〇五三　電話+ファクシミリ〇四二-四二〇-九九九七　印刷精興社　造本宗利淳一　協力加藤仁+中野もえぎ

ISBN978-4-907986-48-3　C0392